HEEL Verlag GmbH
Gut Pottscheidt
53639 Königswinter
Tel.: 02223 9230-0
Fax: 02223 9230-13
E-Mail: info@heel-verlag.de
Internet: www.heel-verlag.de

Text und Fotos: Lydia Fußbroich
Mit Ausnahme von Foto S. 6: Julia Reger
Lektorat: Laura Wika von Czarnowski
Gestaltung: Christine Mertens, HEEL Verlag GmbH
Satz: Christina Sauder, gb-s Mediendesign, Königswinter

Printed in Latvia

ISBN 978-3-95843-575-9

Danke

Der allergrößte Dank geht an meinen Mann, der mir so oft die Küche wieder aufgeräumt hat, nachdem ich sie jedes Mal im Handumdrehen in ein Schlachtfeld verwandelt habe.

Lydia Fußbroich

KOCHEN & BACKEN MIT DER KITCHENAID

Trend-Torten

MOTIVTORTEN, SURPRISE & NAKED CAKES

HEEL

Inhalt

Schwierigkeitsgrad der Rezepte von * (sehr einfach) bis * * * * * * (anspruchsvoll)

Liebe Backfreunde & Tortenkünstler,

Torten versüßen uns das Leben und spielen bei vielen bedeutsamen Anlässen eine große Rolle. Eine Motivtorte passend zum Geburtstagsmotto lässt Kinderaugen strahlen und noch Wochen später erzählen sie begeistert davon. Auf jeder Hochzeit ist das Anschneiden der Hochzeitstorte ein Highlight, das mit der Kamera für die Ewigkeit festgehalten wird. Freunde und Familienmitglieder lassen sich gerne von einem Törtchen überraschen und vernaschen es in fröhlicher Runde mit ihren Liebsten.

Was mich besonders fasziniert, ist die Variabilität dieser süßen Kunstwerke. Ob klein oder groß, schlicht oder pompös, leicht oder gehaltvoll, lustig oder edel – der Tortenkunst sind fast keine Grenzen gesetzt. Diese Faszination hat mich dazu gebracht, die verschiedensten Tortenkreationen auszuprobieren, Rezepte zu entwickeln und Freunde und Familie damit zu beglücken. Motivtorten mit Fondant haben es mir dabei besonders angetan, denn mithilfe dieser wandelbaren Zuckermasse lässt sich leicht zu jedem Thema und für jeden Anlass etwas Passendes vertorteln.

Die Ergebnisse meiner Ideen teile ich auf meinem Blog *vertortelt.de*. Dort gibt es neben zahlreichen Tortenanleitungen, Rezepten sowie Tipps und Tricks auch eine ausführliche Grundlagenserie zum Thema „Herstellung einer Motivtorte".

Für dieses Backbuch habe ich eine Reihe von Torten zusammengestellt, die gerade voll im Trend liegen. Dabei ist jede Torte mithilfe von ausführlichen Schritt-für-Schritt-Anleitungen auch von Einsteigern zu meistern.
Meine Empfehlung: Das Rezept und die Anleitung vorher einmal komplett durchlesen und dann loslegen.

Meine Rezepte sind, wie der Buchtitel schon verrät, super geeignet für alle, die eine geliebte KitchenAid in der Küche stehen haben. Aber auch ohne KitchenAid können alle Rezepte leicht in der heimischen Küche nachgebacken werden.

In diesem Sinne wünsche ich viel Freude beim Backen und Genießen!

Lydia Fußbroich

Hinweis: Wenn ich in meinen Rezepten bei der Zusammensetzung der Fondantteile von „kleben" rede, bitte keinesfalls den Klebestift zücken! „Geklebt" wird hier stets mithilfe eines Pinsels und etwas Wasser. Die einzige Ausnahme bilden die Farbtuben (Rezept S. 44), hier kommt für den Draht tatsächlich der Kleber zum Einsatz. Die Tuben sind daher nicht essbar! Generell sollte die Fondantdekoration (wenn überhaupt!) stets nur mit äußerster Vorsicht und in Einzelteilen verzehrt werden, da viele Teile mit Zahnstochern bzw. Holzspießen zusammengesetzt werden. Hier besteht Verschluckungsgefahr!

Rührkuchen

Rührkuchen – die perfekte Basis

Zur Herstellung von Motivtorten eignen sich Rührkuchen am besten. Sie sind stabil, halten Gewicht aus und lassen sich gut schneiden, ohne allzu sehr zu krümeln. Außerdem schmecken sie auch noch super. Wer Rührkuchen gerne locker und luftig mag, kann das Backergebnis mit den folgenden Tipps perfektionieren.

Mit diesen Tipps und Tricks gelingt der Rührkuchen:

- Damit sich die Zutaten optimal verbinden, sollten sie alle Zimmertemperatur haben.
- Die Butter und den Zucker mit dem Flachrührer-Aufsatz so lange schlagen, bis die Masse weiß-cremig ist. Das macht den Kuchen locker und samtig.
- Die Eier einzeln nach und nach hinzugeben und ordentlich unterrühren.
- Das Mehl und das Backpulver (bzw. Natron) in eine zweite Schüssel sieben und miteinander vermischen, bevor sie dem Teig hinzugegeben werden.
- Ist das Mehl hinzugegeben, darf der Teig nur noch kurz gerührt werden. Je länger jetzt noch gerührt wird, desto fester und kompakter wird der Kuchen.

Damit der Kuchen noch lockerer wird, können die Eier getrennt in den Teig gegeben werden. Dafür nur das Eigelb in den Teig einrühren und das Eiweiß zusammen mit einer Prise Salz mit dem Schneebesen-Aufsatz aufschlagen. Dieses dann ganz zum Schluss vorsichtig unter die Masse heben.

Alles über Fondant

Was ist Fondant?

Fondant ist eine Zuckermasse, die von vielen Cakedesignern zum Überziehen und Dekorieren ihrer Torten verwendet wird. Dabei gibt es Fondant in verschiedenen Konsistenzen, von flüssig bis fest. Für Motivtorten eignet sich Rollfondant zum Eindecken und Modellieren von Figuren am besten. Für filigrane Arbeiten, wie zum Beispiel für Zuckerblumen, kann die etwas festere Blütenpaste verwendet werden. Die Torten in diesem Buch sind alle mit Rollfondant machbar. Erhältlich ist Fondant (in verschiedenen Farben) in Geschäften für Backzubehör und in Onlineshops.

Was kann Fondant?

Fondant eignet sich aufgrund seiner Konsistenz wunderbar zum Modellieren von essbaren Figuren (Einzelteile können unter Verwendung von etwas Wasser und einem Pinsel aneinander „geklebt" werden, s. Hinweis S. 7) und zum Überziehen von Torten. Der Unterschied zu Marzipan ist dabei die höhere Elastizität von Fondant, wodurch beim Arbeiten nicht so schnell Risse entstehen und die Torte nach dem Eindecken eine glattere Oberfläche hat. Bei Kontakt mit Luft härten die modellierten Fondantfiguren nach einer Weile aus. Dabei gilt: Je dünner die Teile, desto kürzer die Aushärtungszeit. Deshalb sollte stets darauf geachtet werden, den Fondant immer luftdicht zu verpacken. Bei einer trockenen und kühlen Lagerung kann Fondant bis zu einem halben Jahr aufbewahrt werden. Getrocknete Figuren halten sich dagegen bei der gleichen Lagerung fast ewig. Eine gute Möglichkeit also, die geliebten Caketopper vom letzten Kindergeburtstag als Erinnerung aufzuheben.

Welche Torten können mit Fondant eingedeckt werden?

Leider kann man nicht einfach alle Torten mit Fondant eindecken, denn eines gilt es zu beachten: Die Zuckermasse verträgt sich nicht mit Feuchtigkeit. Wenn Fondant mit Sahnecremes oder anderen feuchten Zutaten in Berührung kommt, löst er sich auf und die schöne Torte ist ruiniert. Deshalb sollten die Torten vor dem Eindecken mit fondantverträglichen Cremes eingestrichen werden, wie zum Beispiel Ganache oder Buttercreme. Passende Rezepte dazu finden sich auf S. 16–17.

Fondant gibt es schon fertig eingefärbt in fast allen Farben zu kaufen. Für Farbabstufungen kann der farbige Fondant beliebig mit weißem Fondant oder mit anderen Farben verknetet werden.

Ebenso lässt sich Fondant mithilfe von Pastenfarben sehr gut selbst einfärben. So kann man sich seine ganz eigenen Farbkombinationen mischen und braucht nicht viele verschiedene Farbpäckchen zu kaufen. Pastenfarben gibt es in Tortenshops und im Internet zu kaufen, sie färben sehr intensiv und brauchen nur in ganz kleinen Mengen eingemischt werden. Flüssige Lebensmittelfarben eignen sich weniger gut, da sie den Fondant durch den hohen Wasseranteil klebrig machen.

Schritt für Schritt zur Motivtorte

Hinweis: Die Bildnummern beziehen sich immer auf die entsprechenden Arbeitsschritte.

1 Kuchen backen

Für eine Motivtorte kann fast jeder Kuchen verwendet werden. Stabil sollte er allerdings sein, damit man ihn bearbeiten und eindecken kann. Am besten eignen sich dafür Rührkuchen.
Nach dem Backen ist es ratsam, dem Kuchen genug Zeit zu geben, um abzukühlen und sich zu festigen. Im Idealfall wird am nächsten Tag mit der Verarbeitung fortgefahren.

2 Kuchen schneiden

Sobald der Kuchen lange genug geruht hat, kann er in beliebig viele Schichten geteilt werden.
Ein Kuchenschneider kann hilfreich sein, um ebenmäßige Kuchenböden zu erhalten. Tipp: Wenn der Kuchen vorher für 30 Minuten in den Kühlschrank gestellt wird, krümelt er beim Schneiden weniger.

3 Torte füllen

Im nächsten Schritt wird die Torte mit einer fondantverträglichen Creme gefüllt. Soll die Torte mit einer Sahnecreme oder einer anderen fondantunverträglichen Creme gefüllt werden, muss darauf geachtet werden, dass diese später nicht mit dem Fondant in Berührung kommt.

4 Torte begradigen

Damit die Torte am Ende glatt und eben aussieht, sollte sie begradigt werden. Mit einem Brotmesser können alle Unebenheiten an den Seiten und der Oberfläche abgeschnitten werden.

5 Torte einstreichen

Nun kann die Torte mit einer fondantverträglichen Creme rundherum eingestrichen werden. Dafür mit einem Spatel etwas Creme auftragen und grob verstreichen. Mit einer Teigkarte wird die Creme dann glattgestrichen. Diese erste Schicht bindet die Krümel. Eine zweite oder auch dritte Schicht macht die Oberfläche noch gleichmäßiger. Nach dem Auftragen der einzelnen Schichten die Torte für ein paar Minuten in den Kühlschrank stellen, damit die Creme fester wird.

▼

Um sich das Arbeiten leichter zu machen, kann die Torte auf einen Drehteller gestellt werden. So kann man die Torte gleichzeitig drehen und glattstreichen.

3

5a

5b

6a

6b

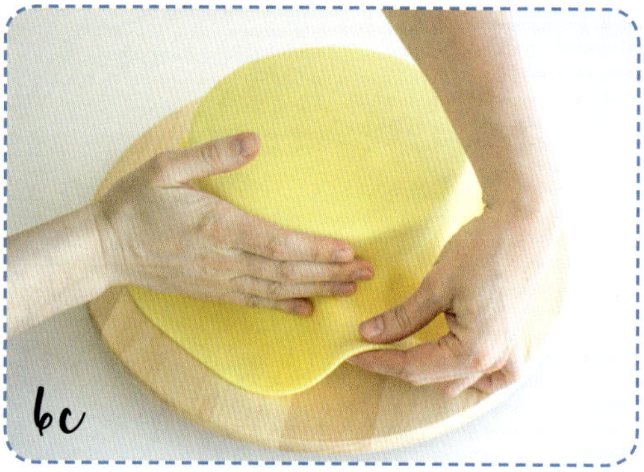
6c

6d

6 Torte eindecken

Sobald die Creme fest ist, kann mit dem Eindecken begonnen werden. Dafür sollte der Fondant schon vorher auf Raumtemperatur gebracht werden, damit er sich besser verarbeiten lässt. Wieviel Fondant benötigt wird, hängt von dem Durchmesser und der Höhe der Torte ab. Für eine Torte mit einem Durchmesser von 20 cm und einer Höhe von 8 cm wird etwa 400–500 g Fondant benötigt.

Vor dem Ausrollen wird die Arbeitsfläche mit etwas Speisestärke abgepudert, damit der Fondant nicht darauf kleben bleibt. Auch zwischendurch kann immer mal wieder nachgepudert werden. Den Fondant mit einem Ausrollstab dünn ausrollen. Am Anfang ist es einfacher, den Fondant etwas dicker zu lassen, so lässt er sich einfacher über die Torte legen. Mit der Zeit und etwas Übung kann er dann immer dünner ausgerollt werden.

Es sollte übrigens darauf geachtet werden, dass der Fondant nicht zu lange offen liegt, da die Oberfläche schnell austrocknet und beim Weiterarbeiten Risse zeigt.

Ist die Fondantdecke groß genug ausgerollt, wird sie über die Torte gelegt. Dafür den Ausrollstab auf die Mitte des Fondants legen und eine Seite über die andere Seite klappen. So kann die Fondantdecke hochgehoben und vorsichtig über der Torte abgerollt werden.

Nun den Fondant leicht oben an den Kanten andrücken und ihn dann vorsichtig an den Seiten ausstreichen. Dabei die Falten mit einer Hand anheben und mit der anderen Hand den Fondant von oben nach unten andrücken, bis er überall anliegt.

Mit einem scharfen Messer oder einem Pizzaschneider unten am Rand der Torte entlangfahren und den überschüssigen Fondant abschneiden. Luftdicht verpackt und kühl gestellt kann der Rest für die nächste Torte verwendet werden.

7 Torte glätten

Mithilfe von Tortenglättern, auch Smoother genannt, wird die Oberfläche der Torte mit leichtem Druck glattgestrichen. Wer die oberen Kanten etwas mehr herausarbeiten möchte, der kann mit zwei Smoothern gleichzeitig arbeiten. Dabei wird ein Smoother an die Seite der Torte gehalten und mit leichtem Druck nach oben gezogen. Gleichzeitig wird der zweite Smoother auf der Torte von der Mitte nach außen gezogen, sodass sich beide Smoother an der Kante treffen. Diese Bewegung mehrmals wiederholen und die Torte dabei leicht drehen.

Sollten sich im Fondant oder zwischen Fondant und Torte ein paar Luftblasen zeigen, so können diese mit einer feinen Nadel angepiekst werden. Die Luft dann vorsichtig zum Loch hin ausstreichen.

8 Torte stapeln und stützen

Einzelne Torten können auch zu einer mehrstöckigen gestapelt werden. Damit die Torte am Ende genug Stabilität hat und nicht ineinander sinkt, müssen einige Dinge beachtet werden.

Bei schweren Torten sollte jede Tortenebene auf eine stabile Pappe gestellt werden. Sehr gut geeignet sind dafür Leichtschaumplatten (z. B. aus dem Baumarkt), die man mit einem Cuttermesser leicht auf die richtige Größe zuschneiden kann. Bei einer leichten zweistöckigen Torte reicht auch eine handelsübliche Tortenpappe unter der oberen Etage.

Damit die ganze Torte nicht einsackt, wenn die Tortenebenen aufeinander gestellt werden, müssen diese noch zusätzlich abgestützt werden. Dafür eignen sich zum Beispiel dicke Cocktailstrohhalme, von denen 3–4 in eine Ebene gesteckt und bündig an der Tortenoberfläche abgeschnitten werden. Auf diesen Stützen wird dann die nächste Tortenetage gestellt. Auch Cakepopstiele sind zum Stützen von kleineren Torten ideal.

Arbeitsmaterial

Die Motivtorten in diesem Buch können mit diesen wenigen Werkzeugen hergestellt werden:

Grundausstattung zum Schneiden und Einstreichen einer Motivtorte

a Drehteller

b Brotmesser

c Teigkarte

d Spatel

e Kuchenteiler

Grundausstattung zum Eindecken einer Motivtorte

a Smoother

b Pizzaschneider

c Nadel

d Säckchen mit Speisestärke

e Ausrollstab

Sonstiges

Es werden bewusst kleinere Backformen verwendet, da Torten besser wirken, wenn sie schmal und hoch statt breit und flach sind. Folgende Formen kommen zum Einsatz:

- runde Backform, ø 15 cm, Höhe 7 cm
- runde Backform, ø 20 cm, Höhe 7 cm
- Halbkugelbackform, ø 15 cm, Höhe 7,5 cm
- quadratische Backform, ø 15 cm, Höhe 7 cm

Grundausstattung zum Stützen einer mehrstöckigen Torte

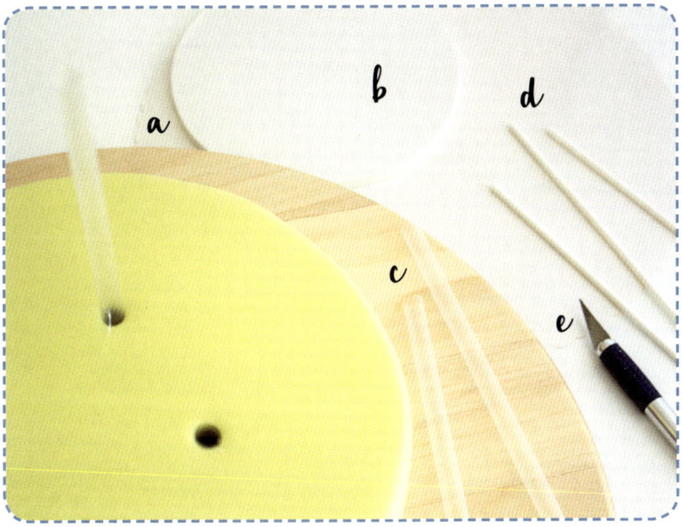

a Tortenpappe
b Leichtschaumplatte
c Cocktailstrohhalme
d Cakepopstiele
e Cuttermesser

Grundausstattung zum Arbeiten mit Fondant

a Schneidematte
b Bandschneider
c CelPin
d Cuttermesser
e Zahnstocher und Holzspieße
f Modellierwerkzeug
g Kleiner Ausrollstab
h Pinsel
i Kreisausstecher

Fondantverträgliche Cremes

Ganaches

Vollmilch-Ganache
200 ml Sahne
500 g Vollmilchschokolade

Zartbitter-Ganache
200 ml Sahne
2 EL Zucker
400 g Zartbitterschokolade

Weiße Ganache
200 ml Sahne
600 g weiße Schokolade

1 Die Sahne (und den Zucker) in einem kleinen Topf erhitzen. Währenddessen die Schokolade zerkleinern.

2 Sobald die Sahne kocht, den Topf von der Herdplatte ziehen und die Schokoladenstückchen hinzugeben.

3 Die Masse mit einem Schneebesen rühren, bis sich die Schokolade aufgelöst hat. Den Topf beiseitestellen und abkühlen lassen.

4 Wer die Ganache zum Befüllen von Torten nutzen möchte, kann die Masse noch einmal luftig aufschlagen.

Fungiert die Ganache als Füllung, kann sie direkt nach dem Herstellen verwendet werden. Zum Einstreichen jedoch wird sie entweder für einige Stunden in den Kühlschrank oder (noch besser) abgedeckt bei Raumtemperatur über Nacht beiseitegestellt. So erhält die Ganache die richtige Konsistenz.

Amerikanische Buttercreme

150 g Butter, zimmerwarm
300 g Puderzucker
einige TL Wasser
einige Tropfen Aroma, nach Belieben

1 Die Butter mit dem Flachrührer bei mittlerer Geschwindigkeit weiß-cremig schlagen.

2 Den Puderzucker einsieben und die Masse noch einmal aufschlagen.

3 Das Wasser und das Aroma hinzugeben und unterrühren. Dabei nur so viel Wasser hinzugeben, bis die Masse die gewünschte Konsistenz hat.

4 Die Buttercreme direkt weiterverarbeiten, da sie sonst austrocknet.

Ist die Buttercreme zu fest, kann noch etwas mehr Wasser untergemischt werden. Ist die Buttercreme zu flüssig geworden, einfach noch etwas Puderzucker hinzugeben.

Schokoladen-Buttercreme

Amerikanische Buttercreme und Ganache im Verhältnis 1:1

Für eine Schokoladen-Buttercreme einfach die Buttercreme mit der Ganache vermischen und kurz mit dem Flachrührer bei mittlerer Geschwindigkeit aufschlagen.

Die Mengenangaben reichen jeweils für eine Torte mit ø 20 cm.

Pandatorte

Schwierigkeitsgrad:

BACKFORM: RUND, Ø 20 CM
BACKZEIT: 75–80 MINUTEN
BEI 175 °C (OBER-/UNTERHITZE)

Für den Schoko-Streuselkuchen:

250 g Butter, zimmerwarm
200 g Zucker
4 Eier
200 g Saure Sahne
300 g Mehl
1 Pck. Vanillepuddingpulver
1 Pck. Backpulver
200 g Schokoladenstreusel

Für die Amerikanische Buttercreme:

250 g Butter, zimmerwarm
500 g Puderzucker
einige Tropfen Vanillearoma

Für die Dekoration:

150 g schwarzer Fondant
etwas weißer Fondant

Außerdem:

Grastülle und Spritzbeutel
4 Zahnstocher

1 Für den Schoko-Streuselkuchen die Butter und den Zucker mit dem Flachrührer bei mittlerer Geschwindigkeit weiß-cremig schlagen. Nach und nach die Eier hinzugeben und unterrühren. Anschließend die Saure Sahne hinzugeben und verrühren.

2 Das Mehl, das Vanillepuddingpulver und das Backpulver in eine zweite Schüssel sieben, vermischen und portionsweise zügig in den Teig einarbeiten. Nur so lange rühren, bis sich die Zutaten gut zu einer homogenen Masse vermischt haben. Zum Schluss die Schokoladenstreusel unterheben.

3 Die Backform an den Seiten einfetten und den Boden mit Backpapier auslegen. Den Teig einfüllen und im vorgeheizten Ofen 75–80 Minuten backen. Die Stäbchenprobe machen.

4 Den Kuchen nach dem Backen 5 Minuten in der Form ruhen lassen, anschließend mithilfe eines Brotmessers vom Rand lösen und umgekehrt auf ein Gitter stürzen. Vor der Weiterverarbeitung vollständig auskühlen lassen.

▼

5 Währenddessen die Fondantteile vorbereiten. Dafür zunächst einen Teil des schwarzen Fondants ausrollen und daraus mit einem Kreisausstecher vier gleiche Teile für die Ohren ausstechen.

6 Zwei Ohrenteile mit etwas Wasser bestreichen und die Zahnstocher so darauf legen, dass sie unten zur Hälfte über den Fondant hinausragen. Die Zahnstocher etwas andrücken und mit den zwei anderen Ohrenteilen bedecken.

7 Für die Augen erneut etwas schwarzen Fondant ausrollen und zwei Ovale ausschneiden. Aus dem ausgerollten weißen Fondant zwei kleine Kreise ausstechen.

8 Für den Rest des Gesichts aus dem übrigen schwarzen Fondant die Nase und den Mund formen. Alle Fondantteile zum Trocknen beiseitelegen.

9 Nun die Buttercreme entsprechend der Anleitung auf S. 17 zubereiten. Auf das Wasser wird verzichtet, dadurch wird die Creme etwas fester.

10 Den abgekühlten Kuchen dünn mit der Buttercreme einstreichen.

11 Die restliche Buttercreme nach und nach in den Spritzbeutel mit der Grastülle füllen und die Pandatorte rundherum mit „Fell" bedecken.

12 Die ausgehärteten Ohren in die Seite der Torte stecken und die restlichen Fondantteile als Pandagesicht auf die Torte legen und leicht in die Buttercreme drücken. Die fertige Torte kann bis zum Verzehr 1–2 Tage an einem trockenen und kühlen Ort aufbewahrt werden.

Für eine reinweiße Buttercreme kann Palmin Soft statt Butter verwendet werden. Wer sich nicht extra weißen Fondant kaufen möchte, kann alternativ Buttercreme für die Gestaltung der Augen verwenden.

5+6

11a

11b

Faultiertorte

Schwierigkeitsgrad:

✻ ✻ ✻ ✻ ✻ ✻

BACKFORM: RUND, Ø 20 CM
BACKZEIT: 2 X 45 MINUTEN
BEI 175 °C (OBER-/UNTERHITZE)

Für den Erdnussbutter-Kuchen:

Dieser Kuchen wird zweimal gebacken!

Menge für 1 Kuchen:

90 g Butter, zimmerwarm
150 g Zucker
70 g Erdnussbutter, cremig
2 Eier
100 g Buttermilch
175 g Mehl
1 TL Backpulver

Für die Ganache:

200 ml Sahne
2 EL Zucker
400 g Zartbitterschokolade

Für die Dekoration:

600 g grauer Fondant
50 g dunkelbrauner Fondant
200 g hellbrauner Fondant
100 g schwarzer Fondant
etwas weißer Fondant

Außerdem:

100 g Erdnüsse, geröstet und gesalzen
Zahnstocher

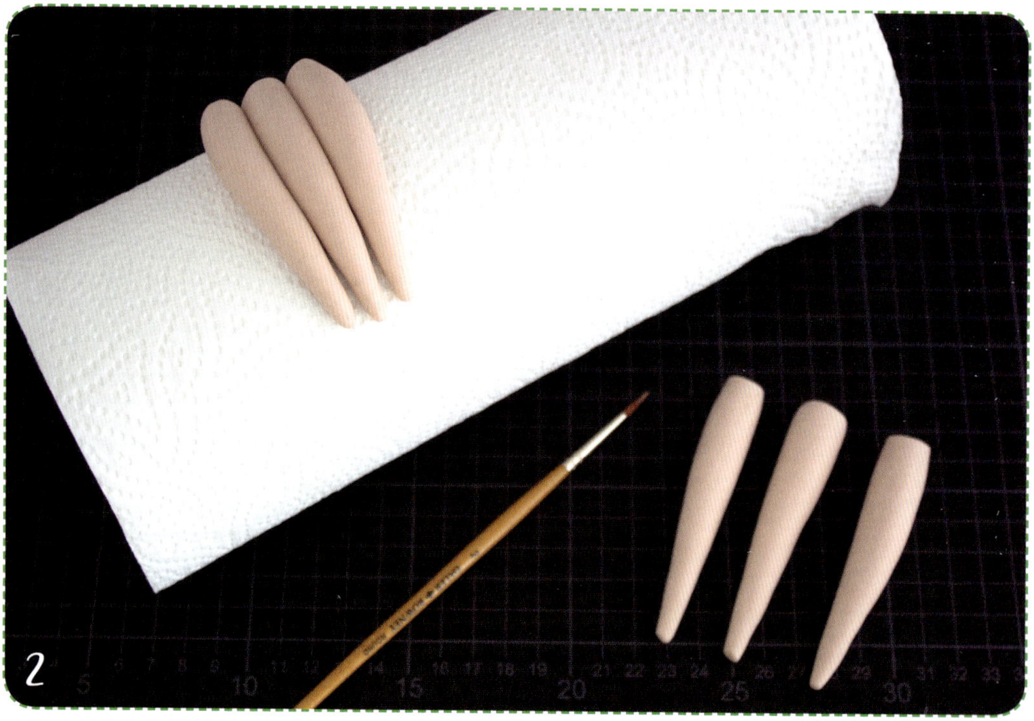

2–3 Tage vorher:

1 Aus drei Vierteln des hellbraunen Fondants sechs Rollen für die Klauen formen. Die Enden auf der einen Seite etwas spitzer zulaufen lassen.

2 Mit ein wenig Wasser jeweils drei Klauen aneinander kleben und auf eine Küchenrolle legen. Diese nun 2–3 Tage durchtrocknen lassen.

Diese Motivtorte kann sehr leicht umgewandelt werden, z. B. zu einem Fuchs, einer Katze oder einem Äffchen. Viel Spaß beim Ausprobieren!

Wer zwei runde Backformen mit ø 20 cm besitzt, kann die beiden Erdnussbutter-Kuchen parallel zubereiten und backen. Dabei beachten, dass sich die Backzeit unter Umständen verlängert. Die Stäbchenprobe machen.

1 Tag vorher:

3 Für den Erdnussbutter-Kuchen die Butter, den Zucker und die Erdnussbutter mit dem Flachrührer bei mittlerer Geschwindigkeit hell-cremig schlagen. Nach und nach die Eier und die Buttermilch hinzugeben und unterrühren.

4 Das Mehl in eine zweite Schüssel sieben, mit dem Backpulver vermischen und portionsweise zügig in den Teig einarbeiten. Nur so lange rühren, bis sich die Zutaten gut zu einer homogenen Masse vermischt haben.

5 Die Backform an den Seiten einfetten und den Boden mit Backpapier auslegen. Den Teig einfüllen und im vorgeheizten Ofen 45 Minuten backen. Die Stäbchenprobe nicht vergessen!

6 Den Kuchen nach dem Backen 5 Minuten in der Form stehen lassen, anschließend mithilfe eines Brotmessers vom Rand lösen und umgekehrt auf ein Gitter stürzen.

7 Die Arbeitsschritte 3–6 für den zweiten Kuchen wiederholen.

8 Beide Kuchen abkühlen lassen und für 30 Minuten in den Kühlschrank stellen, damit sie sich leichter schneiden lassen. Die Kuchen anschließend waagerecht halbieren, sodass insgesamt vier Kuchenböden entstehen.

9 Die gerösteten Erdnüsse zerkleinern und aus den angegebenen Zutaten eine Zartbitter-Ganache herstellen, wie auf S. 16 beschrieben. Auf drei der vier Kuchenböden jeweils 2–3 EL der Ganache verteilen und mit den zerkleinerten Erdnüssen bestreuen.

10 Anschließend alle Böden zu einer Torte schichten. Der Boden ohne Ganache kommt nach oben. Die Seiten der Torte mit einem Brotmesser begradigen, damit hinterher, wenn die Torte mit Fondant eingedeckt ist, keine Beulen zu sehen sind.

11 Die Torte abgedeckt über Nacht in den Kühlschrank stellen und auch die restliche Ganache abdecken und über Nacht bei Raumtemperatur stehen lassen.

▼

Fertigstellung:

12 Am nächsten Tag die gesamte Torte rundherum mit der restlichen Ganache einstreichen und mit dem grauen Fondant eindecken. Tipps zum Einstreichen und Eindecken finden sich auf den Grundlagenseiten am Anfang dieses Buches (S.10 ff.). Den übrig gebliebenen Fondant wieder luftdicht verpacken und kühl lagern.

13 Das restliche Viertel des hellbraunen Fondants für das Gesicht dünn ausrollen. Mithilfe eines Tortenrings einen Halbkreis ausstechen, mit einem Messer eine herzförmige Kerbe einschneiden und die untere Kante begradigen. Dafür das Stück kurz an die Torte halten, um zu sehen, wie viel des Fondants unten abgeschnitten werden muss.

14 Anschließend die Rückseite des Fondant-Gesichts mit ein wenig Wasser einstreichen und an die Torte ankleben.

15 Nun den dunkelbraunen Fondant dünn ausrollen und daraus zwei Teile für die Augenpartie schneiden. Aus einem Stück schwarzen Fondant einen Strang für den Mund und eine Kugel für die Nase formen. Die Nasenlöcher können mit einem Balltool oder einem runden Gegenstand ausgeformt werden.

16 Unter Verwendung von etwas Wasser und einem Pinsel die braunen Teile nun auf dem Gesicht ankleben.

17 Damit die Nase gut hält, werden zwei Zahnstocher in die Torte gesteckt. Die Torte um

13

15

16

die Zahnstocher herum mit ein wenig Wasser bestreichen und die Nase anbringen.

18 Für die Augen ein wenig schwarzen Fondant ausrollen und zwei Kreise ausstechen. Aus weißem Fondant zwei kleine Kügelchen formen und auf dem schwarzen Fondant anbringen. Anschließend die Augen auf der Torte anbringen.

19 Aus dem übrig gebliebenen grauen Fondant zwei dicke Rollen für die Arme formen. Dabei ein Ende etwas dünner zulaufen lassen.

20 Nun zur Stütze jeweils zwei Zahnstocher in die Seiten der Torte, dort wo die Arme angebracht werden, platzieren. Die Fläche, die mit dem Arm verdeckt werden wird, mit ein wenig Wasser einstreichen. Beide Arme anbringen.

21 Zum Schluss wird jeweils auch in die mittlere der Klauen ein Zahnstocher gesteckt, damit diese an den Armen befestigt werden können. Dazu das Ende der Arme mit ein wenig Wasser einstreichen und die Klauen anstecken.

22 Zum Schluss aus einem kleinen Stück grauen Fondants ein paar Haare modellieren, die oben auf der Torte angebracht werden.

23 Die fertige Torte kann bis zum Verzehr 1–2 Tage an einem trockenen und kühlen Ort aufbewahrt werden.

17

19

21

Geschenktorte

Schwierigkeitsgrad:

✻✻✻✻✻✻

BACKFORM: ECKIG, Ø 15 CM
BACKZEIT: 2 X 60 MINUTEN
BEI 175 °C (OBER-/UNTERHITZE)

Für den hellen Rührkuchen:

200 g Butter, zimmerwarm
160 g Zucker
1 Pck. Vanillezucker
4 Eier
200 g Mehl
1 TL Backpulver

Für den dunklen Rührkuchen:

200 g Butter, zimmerwarm
160 g Zucker
1 Pck. Vanillezucker
4 Eier
170 g Mehl
30 g Backkakao
1 TL Backpulver

Für die Ganache:

200 ml Sahne
2 EL Zucker
400 g Zartbitterschokolade

Für die Dekoration:

350 g hellgrüner Fondant
200 g hellblauer Fondant
200 g dunkelblauer Fondant
250 g weißer Fondant

Außerdem:

150 g Walnüsse

1 Tag vorher:

1 Für den hellen Rührkuchen die Butter, den Zucker und den Vanillezucker mit dem Flachrührer bei mittlerer Geschwindigkeit weiß-cremig schlagen. Nach und nach die Eier hinzugeben und unterrühren.

2 Das Mehl und das Backpulver in eine zweite Schüssel sieben, vermischen und portionsweise zügig in den Teig einarbeiten. Nur so lange rühren, bis sich die Zutaten gut zu einer homogenen Masse vermischt haben.

3 Die Backform an den Seiten einfetten und den Boden mit Backpapier auslegen. Den Teig einfüllen und im vorgeheizten Ofen 60 Minuten backen. Die Stäbchenprobe nicht vergessen!

4 Den Kuchen nach dem Backen 5 Minuten in der Form ruhen lassen, anschließend mithilfe eines Brotmessers vom Rand lösen und umgekehrt auf ein Gitter stürzen.

5 Den dunklen Rührkuchen backen. Dafür die Schritte 1–4 wiederholen, lediglich in Schritt 2 den Kakao zu dem Mehl und dem Backpulver hinzugeben. Beide Kuchen vor der Weiterverarbeitung vollständig auskühlen lassen. Damit sie sich leichter schneiden lassen, empfiehlt es sich, die Kuchen für mindestens 30 Minuten in den Kühlschrank zu stellen.

6 Während die Kuchen auskühlen, aus den angegebenen Zutaten die Zartbitter-Ganache herstellen, wie auf S. 16 beschrieben.

7 Die Walnüsse klein hacken und in einer Pfanne bei mittlerer Hitze kurz anrösten.

8 Beide Kuchen waagerecht halbieren, sodass insgesamt vier Böden entstehen. Nun drei der vier Kuchenböden mit etwas Ganache bestreichen, mit den gerösteten Walnüssen bestreuen und die hellen und dunklen Böden im Wechsel zu einer Torte stapeln. Der Boden ohne Ganache kommt nach oben.

9 Die Seiten der Torte mit einem Brotmesser begradigen, damit hinterher durch den Fondant hindurch keine Beulen zu sehen sind. Die Torte abgedeckt über Nacht in den Kühlschrank stellen. Ebenso die restliche Ganache abdecken und bei Raumtemperatur stehen lassen.

▼

Fertigstellung:

10 Am nächsten Tag die Torte rundherum mit der restlichen Ganache einstreichen. Tipps zum Einstreichen und Eindecken finden sich auf den Grundlagenseiten am Anfang dieses Buches (S. 10 ff).

11 Für die Fondant-Marmorierung von dem hellgrünen, dem hellblauen und dem dunkelblauen Fondant jeweils etwa 200 g zurechtlegen.

12 Aus den Fondantteilen drei Stränge formen und diese ineinander verdrehen. Den Strang zusammenklappen und mit einem Ausrollstab wieder ausrollen.

13 Das Zusammenklappen und Ausrollen einige Male wiederholen, bis das gewünschte Muster erreicht ist.

14 Anschließend wird der Strang der Länge nach 60 cm lang und 12 cm breit ausgerollt.

15 Die untere Kante des Fondantstreifens gerade abschneiden und auf den Ausrollstab wickeln. Anschließend den Fondant um die Torte herum abwickeln und andrücken.

16 Den überstehenden Fondant an der Seite und an der oberen Kante abschneiden und die Seiten mit dem Smoother glätten. Mithilfe eines zweiten Smoothers können die Kanten der Torte noch stärker herausgearbeitet werden.

17 Nun folgt der weiße Fondant-Deckel. Dafür wird ein Stück des weißen Fondants so groß ausgerollt, dass es die Oberfläche der Torte bedeckt. Den Fondant auf die Torte legen und den überstehenden Fondant abschneiden. Die Oberfläche mit dem Smoother glätten.

18 Für den Rand des Deckels wird erneut weißer Fondant ausgerollt und daraus ein etwa 3 cm breites Band geschnitten. Den oberen Rand der Torte mit etwas Wasser bestreichen und das Band daran befestigen.

19 Für die Geschenkbänder wird der hellgrüne Fondant 40 cm lang ausgerollt und in etwa 2,5 cm breite Streifen geschnitten. Die Streifen etwas mit Wasser befeuchten und um die Torte legen. Dabei oben etwas Fondant abschneiden, sodass die Streifen nicht überlappen.

20 Auch den weißen Fondant 40 cm lang ausrollen und in zwei etwa 7 mm breite Streifen schneiden. Die weißen Streifen nun über die hellgrünen kleben.

21 Für die Schleife erneut etwas hellgrünen Fondant ausrollen. Daraus einen Streifen schneiden, der 28 cm lang und 5 cm breit ist. In der Mitte des Streifens etwas Fondant von oben und von unten herausschneiden und die Mitte mit Wasser bepinseln.

22 Nun die Enden von außen nach innen zur Mitte klappen und dabei die Enden so zusammendrücken, dass zwei Falten entstehen. Zwei Papiertücher zusammenrollen und in die Schleife stecken, damit sie nicht zusammenfällt.

23 Zusätzlich einen kleinen grünen Streifen ausrollen und um die Mitte der Schleife kleben.

24 Für die Schleifenbänder zwei grüne Fondantstreifen ausrollen, die Enden einkerben und einen Moment zur Seite legen, damit sie etwas antrocknen.

25 Zum Schluss die Schleife auf die Torte legen, die Enden der Schleifenbänder befeuchten und unter die Schleife stecken. Die Papiertücher können entfernt werden, sobald die Schleife so weit getrocknet ist, dass sie nicht mehr zusammenfällt.

26 Die fertige Torte kann bis zum Verzehr 1–2 Tage in einem trockenen und kühlen Raum aufbewahrt werden.

Einhorntorte mit Regenbogen

Schwierigkeitsgrad:

✻ ✻ ✻ ✻ ✻ ✻

BACKFORM: RUND, Ø 20 CM
BACKZEIT: 2 X 60 MINUTEN
BEI 170 °C (OBER-/UNTERHITZE)

Für den Schokoladenkuchen:

Dieser Kuchen wird zweimal gebacken!

Menge für 1 Kuchen:

100 ml Milch
100 g Zartbitterschokolade
50 g Vollmilchschokolade
3 Eier
140 g Butter, zimmerwarm
140 g Zucker
100 g Crème fraîche
200 g Mehl
1 TL Natron
2 EL Backkakao

Für die Ganache:

200 ml Sahne
500 g Vollmilchschokolade

Für die Dekoration:

600 g hellblauer Fondant
200 g weißer Fondant
etwas rosa Fondant
50 g lila Fondant
50 g gelber Fondant
100 g hellgrüner Fondant
50 g orangener Fondant
50 g roter Fondant
etwas schwarzer Fondant
bunte Zuckerstreusel

Außerdem:

Holzspieße
Zahnstocher

3-4 Tage vorher:

1 Der Regenbogen und das Einhorn werden als erstes modelliert, da sie komplett durchtrocknen müssen, bevor sie für die Torte verwendet werden. Zunächst sechs Fondantstränge in den Farben lila, hellblau, hellgrün, gelb, orange und rot für den Regenbogen formen.

2 Diese Stränge nun nebeneinander um einen runden Gegenstand, z. B. ein Glas, legen. Das eine Ende des Regenbogens bündig abschneiden und auf der anderen Seite die Enden einrollen.

3 Die Stränge mithilfe eines Pinsels und etwas Wasser aneinander kleben und einige Holzspieße in den Regenbogen stecken, damit er später auf der Torte platziert werden kann.

4 Jetzt ist das Einhorn an der Reihe. Dafür zunächst aus weißem Fondant Teile für den Körper, den Kopf und die Beine formen.

▼

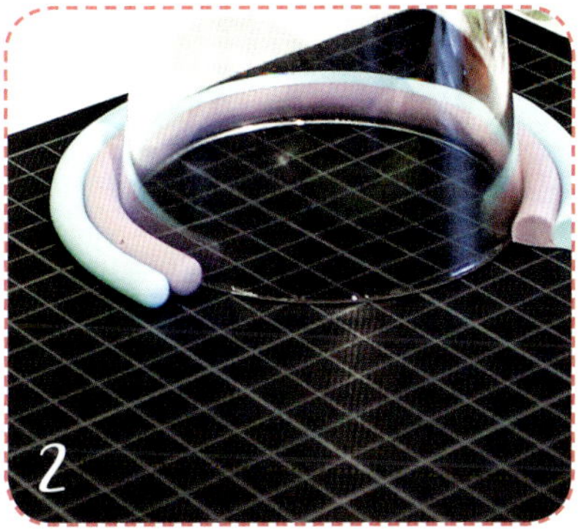

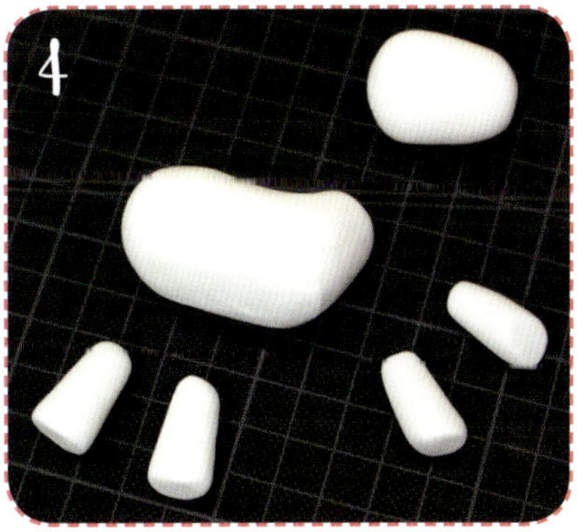

5 Aus dem rosa Fondant vier kleine Kugeln formen, diese plattdrücken und als Hufe an die vier Beine kleben. Zwei Zahnstocher klein brechen und in die Beine stecken, die Beine wiederrum am Bauch befestigen.

6 Für die Ohren nun zwei kleine Dreiecke aus weißem Fondant formen, mit einem Modellierwerkzeug oder einem Stäbchen vorne eindellen und mithilfe eines Pinsels und etwas Wasser an den Kopf kleben. Zwei kleine Kugeln mit einer Vertiefung bilden die Nüstern.

7 Aus schwarzem Fondant kleine Kugeln formen und als Augen aufkleben. Zuvor können an entsprechender Stelle schon die Augenhöhlen etwas ausgeformt werden. Zwei winzige weiße Punkte machen die Augen noch etwas lebendiger.

8 Für den Mund eine Kerbe in den Fondant ritzen und aus dem übrigen roten Fondant eine Zunge modellieren, die am Mund angebracht wird.

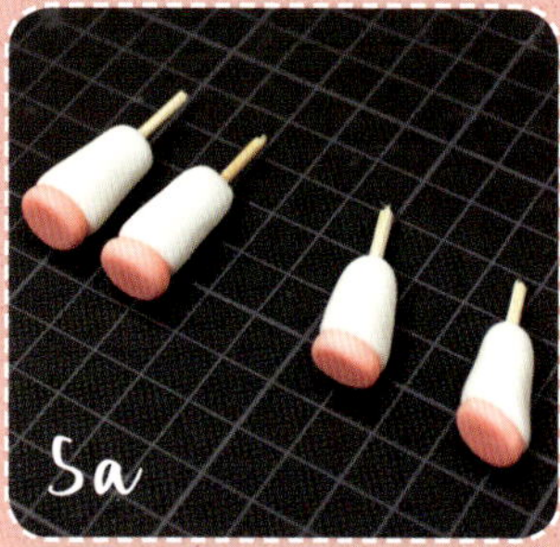

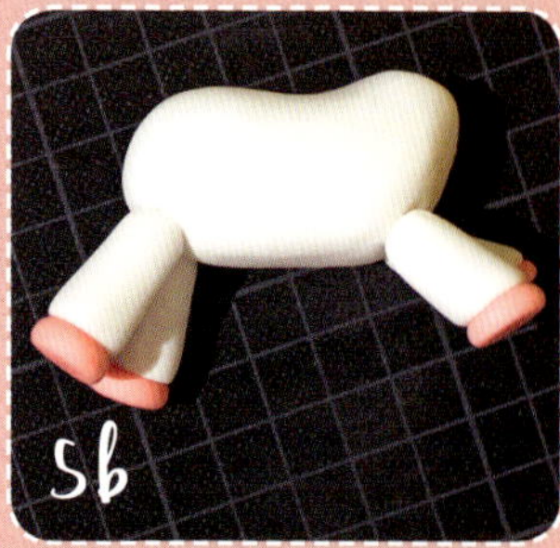

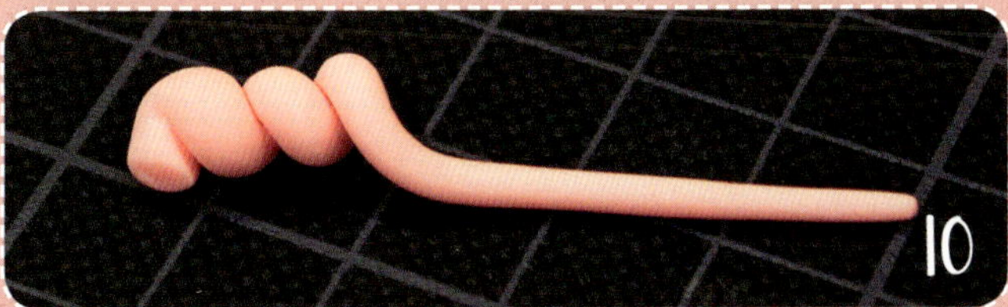

9 In den Kopf von unten einen weiteren Zahnstocher platzieren und den Kopf auf den Körper stecken.

10 Das Horn wird aus dem rosa Fondant modelliert. Dazu einen kleinen Strang formen, der zur Spitze hin immer dünner wird und diesen dann zwirbeln, sodass das Horn seine typische Optik erhält. Das Horn beiseitelegen, bis es ausgehärtet ist, dann auf den Kopf des Einhorns kleben.

11 Der Schwanz und der Schweif sind nun an der Reihe. Aus einem kleinen Stück rosa Fondant zunächst einen etwas dickeren, geschwungenen Strang formen und einen Zahnstocher anbringen. Weitere Stränge aus dem lila und dem rosa Fondant formen und diese an den ersten Strang kleben.

12 Auch um die Ohren herum einige rosa und lila Stränge als Schweif mit Wasser festkleben. Das Einhorn nun abgestützt beiseitestellen, bis es ausgehärtet ist.

▼

1 Tag vorher:

13 Für den Schokoladen-Kuchen die Milch in einem kleinen Topf erhitzen. Währenddessen die Schokolade zerkleinern. Sobald die Milch kocht, den Topf von der Herdplatte nehmen und die Schokoladenstückchen hinzugeben. Die Masse mit einem Schneebesen rühren, bis sich die Schokolade aufgelöst hat. Den Topf beiseitestellen und abkühlen lassen.

14 Die Eier trennen, das Eiweiß in die KitchenAid-Rührschüssel geben und mit dem Schneebesen-Aufsatz steif schlagen. Eigelbe und Eischnee beiseitestellen.

15 Die Butter und den Zucker mit dem Flachrührer bei mittlerer Geschwindigkeit weiß-cremig schlagen. Nach und nach die Eigelbe, die Crème fraîche und die Schokoladenmasse hinzugeben und unterrühren.

16 Das Mehl in eine zweite Schüssel sieben, mit dem Natron und dem Backkakao vermischen und portionsweise zügig in den Teig einarbeiten. So lange rühren, bis sich die Zutaten gut zu einer homogenen Masse vermischt haben. Das geschlagene Eiweiß vorsichtig unterheben.

17 Die Backform an den Seiten einfetten und den Boden mit Backpapier auslegen. Den Teig einfüllen und im vorgeheizten Ofen 60 Minuten backen. Die Stäbchenprobe nicht vergessen!

18 Den Kuchen nach dem Backen 5 Minuten in der Form ruhen lassen. Anschließend mithilfe eines Messers vom Rand lösen und umgekehrt auf ein Gitter stürzen.

19 Die Arbeitsschritte 13–18 für den zweiten Kuchen wiederholen und beide Kuchen 30 Minuten in den Kühlschrank stellen, damit sie sich leichter schneiden lassen.

20 Währenddessen aus den angegebenen Zutaten eine Vollmilch-Ganache herstellen, wie auf S. 16 beschrieben.

21 Die abgekühlten Kuchen waagerecht halbieren, sodass insgesamt vier Kuchenböden entstehen. Drei der vier Böden nacheinander mit etwas Ganache bestreichen und zu einer Torte stapeln. Der Boden ohne Ganache kommt nach oben

22 Die Seiten der Torte mit einem Brotmesser begradigen, damit keine Beulen durch den Fondant hindurch zu sehen sind.

23 Die Torte abgedeckt über Nacht in den Kühlschrank stellen. Auch die restliche Ganache abdecken und über Nacht bei Raumtemperatur stehen lassen.

Wer zwei runde Backformen mit ø 20 cm besitzt, kann die beiden Schokokuchen parallel zubereiten und backen. Dabei beachten, dass sich die Backzeit unter Umständen verlängert. Die Stäbchenprobe machen.

Fertigstellung:

24 Am nächsten Tag die Torte mit der restlichen Ganache einstreichen und mit dem hellblauen Fondant eindecken. Tipps zum Einstreichen und Eindecken finden sich auf den Grundlagenseiten am Anfang dieses Buches (S. 10 ff). Den übrig gebliebenen Fondant wieder luftdicht verpacken.

25 Nun wird die restliche Deko modelliert. Für die Wolke am Fuß des Regenbogens werden viele weiße Kugeln aus weißem Fondant gerollt.

26 Die Kugeln als nächstes um den Regenbogen herum anordnen, den Regenbogen dann aber wieder wegnehmen.

27 Etwas weißen Fondant ganz dünn ausrollen und über die Kugeln legen. Mit einem weichen Pinsel den Fondant an die Kugeln drücken.

28 Damit der stützende Holzspieß am Regenbogen nicht zu sehen ist und das Konfetti darauf angebracht werden kann, wird etwas weißer Fondant um den Holzspieß gewickelt.

29 Für die seitliche Dekoration der Torte werden aus weißem Fondant einige Wolken ausgeschnitten und an die Torte geklebt.

30 Den grünen Fondant lang ausrollen und ein breites Band daraus schneiden. Für die Gras-Optik mit einem Messer Zacken in die obere Kante einschneiden. Das Band anschließend mit ein wenig Wasser an den unteren Rand der Torte kleben.

31 Jetzt ist die Torte fast fertig. Die Wolke aus Kugeln am Regenbogen befestigen und beides oben in die Torte stecken. Das Einhorn an die Torte stellen, dabei eventuell etwas Fondant unter das Einhorn legen, damit es nicht wegrutscht.

32 Zum Schluss wird das Konfetti angebracht. Dafür den ummantelten Holzspieß mit etwas Wasser bestreichen und die Zuckerstreusel daran festkleben.

33 Die fertige Torte kann bis zum Verzehr 1–2 Tage an einem trockenen und kühlen Ort aufbewahrt werden.

3D-Minion

Wer zwei Backformen mit ø 15 cm besitzt,
kann alle Teile für den Körper zur gleichen Zeit backen.

Schwierigkeitsgrad:

✻ ✻ ✻ ✻ ✻ ✻

MINION-KÖRPER:

BACKFORM: RUND, Ø 15 CM
BACKZEIT: 2 x 75 MINUTEN
BEI 175 °C (OBER-/UNTERHITZE)

MINION-KOPF:

BACKFORM: FÜR HALBKUGELN, Ø 15 CM
BACKZEIT: 55 MINUTEN
BEI 175 °C (OBER-/UNTERHITZE)

Für den Bananenkuchen:

Minionkörper (runde Backform):

Dieser Kuchen wird zweimal gebacken!

Menge für 1 Kuchen:

150 g Butter, zimmerwarm
90 g brauner Zucker
1 Pck. Vanillezucker
3 Eier
180 g Banane (ca. 1 ½ Bananen)
225 g Mehl
1 ½ TL Backpulver
1 TL Zimt
1 Prise Salz

Minionkopf (Halbkugelform):

100 g Butter, zimmerwarm
60 g brauner Zucker
1 Pck. Vanillezucker
2 Eier
125 g Banane (ca. 1 Banane)
150 g Mehl
1 TL Backpulver
1 TL Zimt
1 Prise Salz

1 Tag vorher:

1 Für den Minionkörper die Butter, den braunen Zucker und den Vanillezucker mit dem Flachrührer bei mittlerer Geschwindigkeit hell-cremig schlagen. Nach und nach die Eier hinzugeben und unterrühren.

2 Die Bananen im KitchenAid-Blender zu einem Mus pürieren und zur Teigmasse hinzugeben.

3 Das Mehl in eine zweite Schüssel sieben, mit dem Backpulver, dem Zimt und dem Salz vermischen und portionsweise zügig in den Teig einarbeiten. Nur so lange rühren, bis sich die Zutaten gut zu einer homogenen Masse vermischt haben.

4 Die runde Backform an den Seiten einfetten und den Boden mit Backpapier auslegen. Den Teig einfüllen und im vorgeheizten Backofen ca. 75 Minuten backen. Die Stäbchenprobe nicht vergessen!

5 Den gebackenen Kuchen 5 Minuten in der Form ruhen lassen. Den Kuchen anschließend mit einem Messer vom Rand lösen und umgekehrt auf ein Gitter stürzen. Vor der Weiterverarbeitung vollständig auskühlen lassen.

6 Die Arbeitsschritte 1–5 für den zweiten Teil des Körpers und für den Mininonkopf (Halbkugelform) wiederholen. Bitte beachten: Die Halbkugelform muss nur eingefettet werden und wird nicht mit Backpapier ausgelegt. Den Teig in der Halbkugelform 55 Minuten backen.

7 Während die Kuchen auskühlen, aus den angegebenen Zutaten eine Vollmilch-Ganache herstellen, wie auf S. 16 beschrieben.

▼

Für die Ganache:

200 ml Sahne
500 g Vollmilchschokolade

Für die Dekoration:

700 g gelber Fondant
300 g blauer Fondant
400 g schwarzer Fondant
100 g grauer Fondant
50 g weißer Fondant
etwas brauner Fondant

9

8 Nachdem die Kuchen abgekühlt sind, diese oben etwas abschneiden, damit sie sich besser stapeln lassen. Die Kuchen für den Körper jeweils einmal waagerecht halbieren, sodass insgesamt vier Böden daraus entstehen.

9 Nun nacheinander die Kuchenböden mit etwas Ganache bestreichen und zu einer Torte stapeln. Dabei wird zum Schluss die Halbkugel oben aufgesetzt.

10 Die Seiten der Torte mit einem Brotmesser begradigen, damit hinterher durch den Fondant keine Beulen zu sehen sind.

11 Die Torte abgedeckt über Nacht in den Kühlschrank stellen und die restliche Ganache ebenfalls abdecken und über Nacht bei Raumtemperatur stehen lassen.

Fertigstellung:

12 Am nächsten Tag die Torte rundherum mit der restlichen Ganache einstreichen. Tipps zum Einstreichen finden sich auf den Grundlagenseiten am Anfang dieses Buches (S. 10).

13 Nun wird die Torte eingedeckt. Für die untere Ummantelung ein Stück des gelben Fondants ausrollen und ein 15 x 50 cm großes Rechteck ausschneiden.

14 Um den Fondant sauber um die Torte zu legen, den Fondant auf den Rollstab wickeln und an der Torte abrollen. Den überschüssigen Fondant abschneiden und die Nahtstelle mit dem Smoother glätten.

15 Zum Eindecken des Kopfes erneut gelben Fondant ausrollen und einen tellergroßen Kreis mit etwa 25 cm Ø ausschneiden. Den Fondant auf die Torte legen und nach unten hin glattstreichen. Den überschüssigen Fondant erneut abschneiden und die Nahtstellen mit dem Smoother glätten. Dabei muss nicht allzu sorgfältig gearbeitet werden, da die Naht später von der Brille verdeckt wird.

14a

14b

15a

15b

16

17

18a

18b

19–21

16 Damit die Hände und Füße des Minions etwas antrocknen können, werden sie als erstes modelliert. Dafür aus vier schwarzen Fondantkugeln zwei Hände und Füße formen. Zur Stützung der Hände können Papiertücher gerollt und unter die Handballen gelegt werden. Die modellierten Teile anschließend beiseitelegen.

17 Nun wird der Minion „eingekleidet". Dafür zunächst den blauen Fondant ausrollen und ein etwa 4 x 50 cm langes Band ausschneiden. Den unteren Rand mit wenig Wasser einstreichen und das Band anbringen. Den überschüssigen Fondant abschneiden. Für die Hosennaht am oberen Rand der Hose mit einem gezackten Rädchen entlangfahren.

18 Erneut etwas blauen Fondant ausrollen und daraus die Vorder- und Rückseite der Hose sowie eine kleine Tasche ausschneiden. Die Teile auf dem Hosenband anbringen. Dabei die Tasche nur am Rand leicht mit Wasser bestreichen und so ankleben, dass oben eine kleine Öffnung zu sehen ist. Mit dem gezackten Rädchen erneut an den Rändern entlangfahren.

19 Für das Brillenauge werden einige Fondantteile vorbereitet. Den grauen Fondant dick ausrollen, einen etwa 10 cm breiten Kreis ausstechen und innen nochmal einen etwa 6 cm breiten Kreis ausstechen.

▼

20 Den weißen Fondant rund ausrollen, auch hier einen etwa 6 cm großen Kreis ausstechen und die Ränder etwas flacher drücken.

21 Zusätzlich zwei kleine Halbmonde aus gelbem Fondant und für Iris und Pupille drei kleine Kreise aus braunem, schwarzem und weißem Fondant ausstechen.

22 Nun den grauen Ring auf den weißen Kreis legen, die gelben Halbmonde mit etwas Wasser ankleben und die drei Kreise in die Mitte aufeinander kleben. Dann das Auge auf dem Minion anbringen.

23 Mit einem Modellierwerkzeug oder einem Holzspieß unterhalb des Auges eine Kerbe für den Mund ziehen.

24 Für das Brillenband den schwarzen Fondant 50 cm lang ausrollen und daraus zwei 1–2 cm breite Streifen schneiden. Die Bänder nacheinander um die Torte herum an die Brille kleben, sodass die Naht am gelben Fondant verdeckt wird.

25 Für die kleinen Details an der Brille werden aus dem grauen Fondant vier Scharniere geformt, die auf das Brillenband geklebt werden. Sechs kleine, flache Kügelchen mit einem Kreuz in der Mitte werden als Schrauben an den Rand der Brille gesetzt.

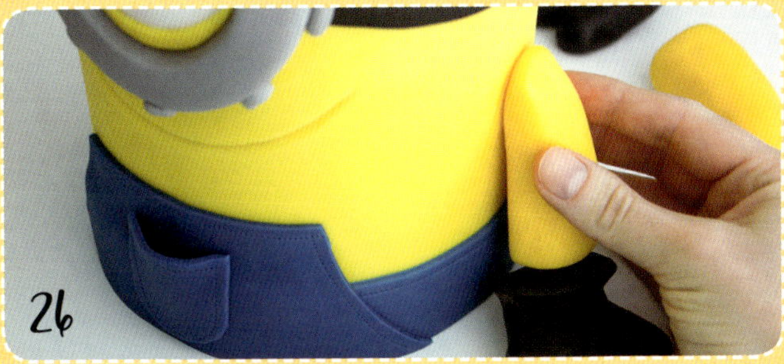

26

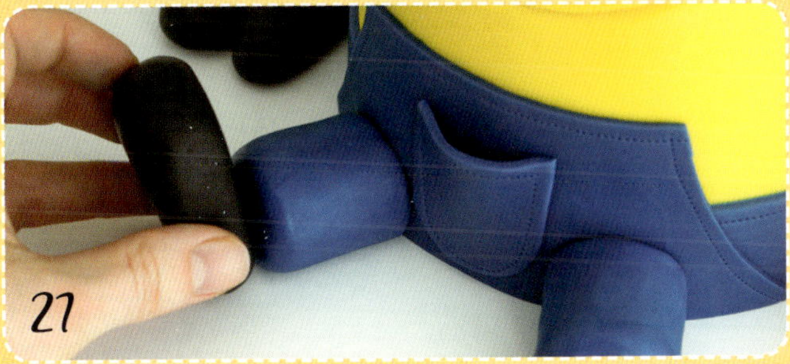

27

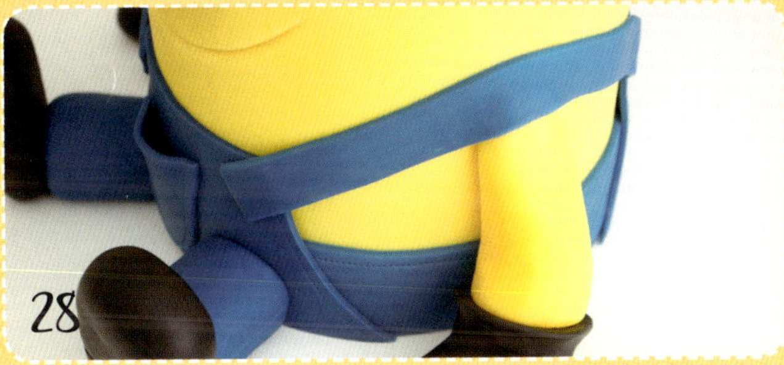

28

29a

29b

30a

30b

26 Im nächsten Schritt werden die Arme am Minion befestigt. Aus gelbem Fondant zwei kurze Rollen formen, die an einer Seite flach zulaufen. Die bereits geformten Hände nun neben den Minion legen und die gelben Fondantarme an die Torte und den oberen Teil der Hand kleben.

27 Auch für die Beine zwei Rollen aus blauem Fondant formen und diese zusammen mit den Füßen vorne an die Hose kleben.

28 Weiter geht es mit den Hosenträgern. Dafür den blauen Fondant ca. 20 cm lang ausrollen und daraus zwei 2 cm lange Streifen schneiden. Jeweils ein Ende des Bandes vorne auf die Ecke der Hose kleben, über den Arm legen und hinten an der Hosenecke festkleben.

29 Für die Hosenknöpfe vier kleine Kreise aus schwarzem Fondant ausstechen und aus blauem Fondant acht dünne, kurze Schnüre rollen. Diese Schnüre über Kreuz auf die Kreise kleben und die Knöpfe auf den Enden der Hosenträger befestigen.

30 Zum Schluss aus etwas schwarzem Fondant ein paar Haare modellieren und oben auf die Torte setzen. Fertig ist der 3D-Minion.

31 Die Torte kann bis zum Verzehr 1–2 Tage an einem trockenen und kühlen Ort aufbewahrt werden.

Achtung:
Die Farbtuben sind nicht für den Verzehr bestimmt!

Farbfleckentorte mit schwebenden Tuben

Schwierigkeitsgrad:

✻✻✻✻✻✻

BACKFORM: RUND, Ø 20 CM
BACKZEIT: 70–75 MINUTEN
BEI 170 °C (OBER-/UNTERHITZE)

Für den Rührkuchen:

4 Eier
240 g Puderzucker
2 Pck. Vanillezucker
1 Mark einer Vanilleschote
375 ml Sahne
375 g Mehl
1 ½ TL Backpulver

Für die Ganache:

150 ml Sahne
450 g weiße Schokolade

Für die Dekoration:

500 g weißer Fondant
100 g roter Fondant
100 g hellblauer Fondant
50 g gelber Fondant
50 g hellgrüner Fondant
etwas grauer Fondant

Außerdem:

stabiler Draht
Kleber
2 Cocktailstrohhalme

4–5 Tage vorher:

1 Die Farbtuben werden als erstes modelliert, da sie komplett durchtrocknen müssen, bevor sie für die Torte verwendet werden können. Dafür aus weißem Fondant zwei längliche Rollen formen und jeweils ein Ende dünn ausrollen.

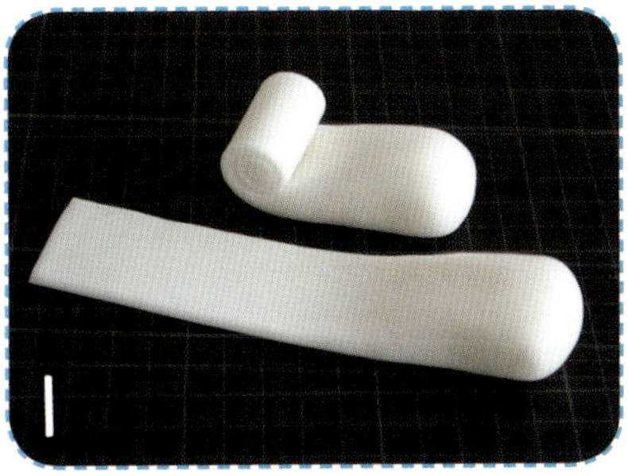

2 Dann die dünnen Enden bis zur Mitte aufrollen und mit eingerollten Papiertüchern stützen, damit die Tuben in Form bleiben.

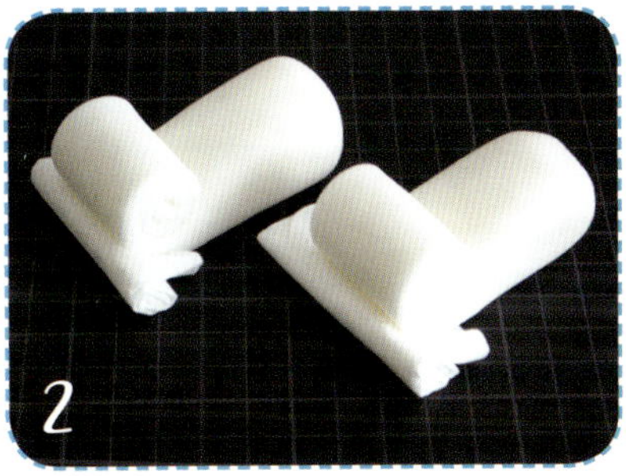

3 Für die farbigen Bänder etwas roten und blauen Fondant dünn ausrollen und mithilfe eines Schneidrädchens oder eines Messers in Streifen teilen.

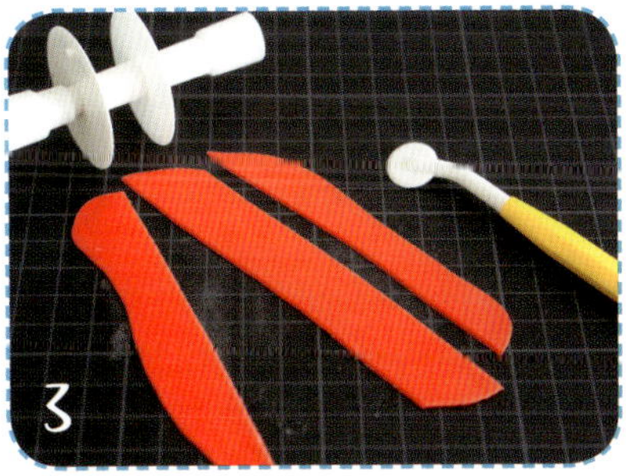

4 Ein wenig Wasser auf die Oberseite der Tuben streichen und die roten Streifen anbringen.

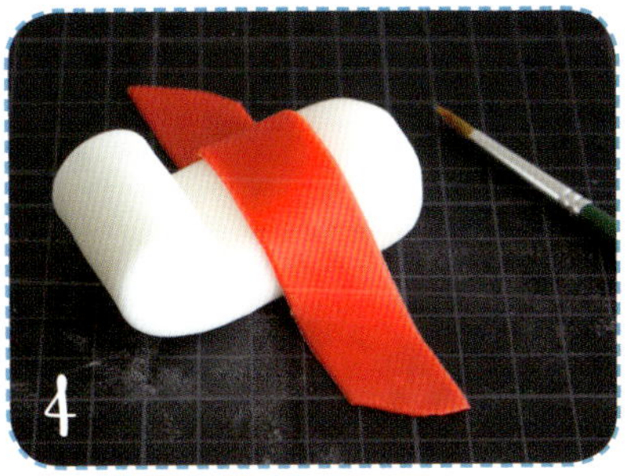

5 Die Tuben umdrehen und die Bänder auch hier mit etwas Wasser ankleben. Den überschüssigen Fondant mit einem scharfen Messer abschneiden.

▼

Achtung:
Die Farbtuben sind nicht für den Verzehr bestimmt!

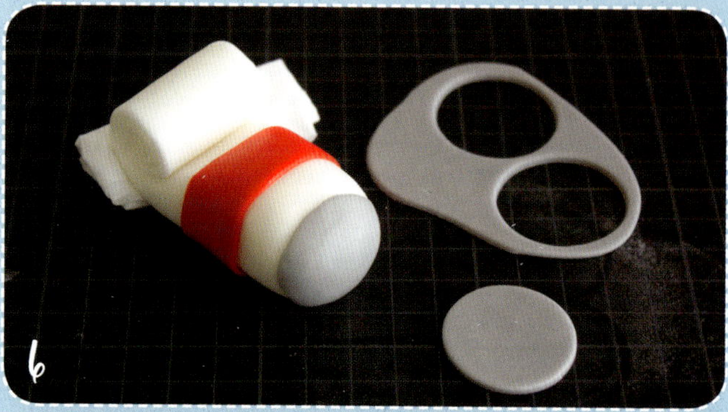

6 Aus dem grauen Fondant zwei Kreise ausstechen und auf den Spitzen der Tuben anbringen.

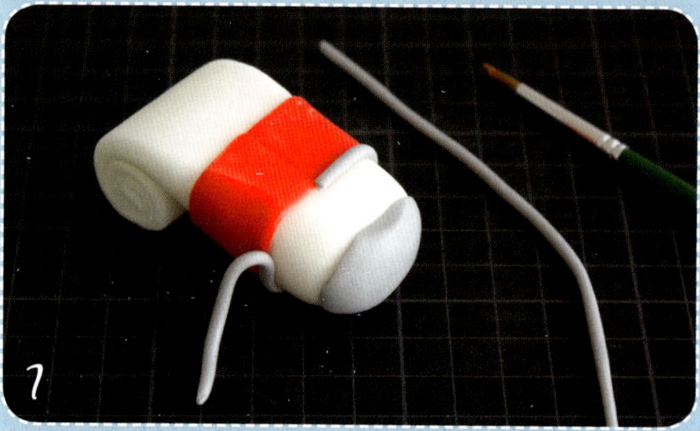

7 Jeweils zwei dünne Schnüre aus dem grauen Fondant rollen und die farbigen Bänder damit rechts und links abschließen. Dabei wie beim Ankleben der Bänder vorgehen.

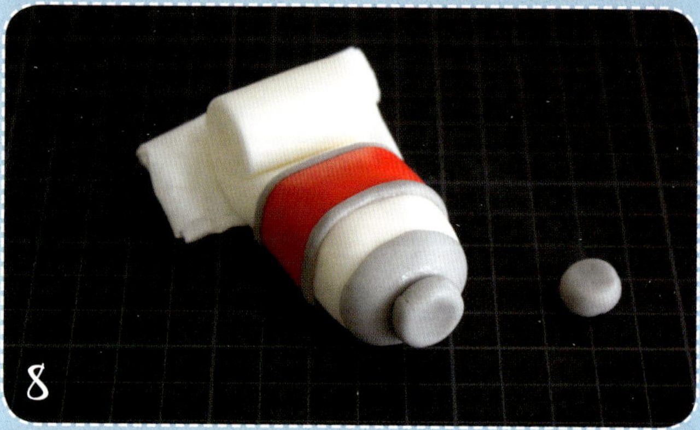

8 Für die Tuben-Öffnung zwei kleine graue Kugeln formen, etwas platt drücken und mit etwas Wasser vorne an die Spitzen ankleben.

9 Damit die Farbtuben beim Trocknen ihre Form behalten, können sie in eine Küchenpapier- oder Toilettenpapierrolle gelegt werden.

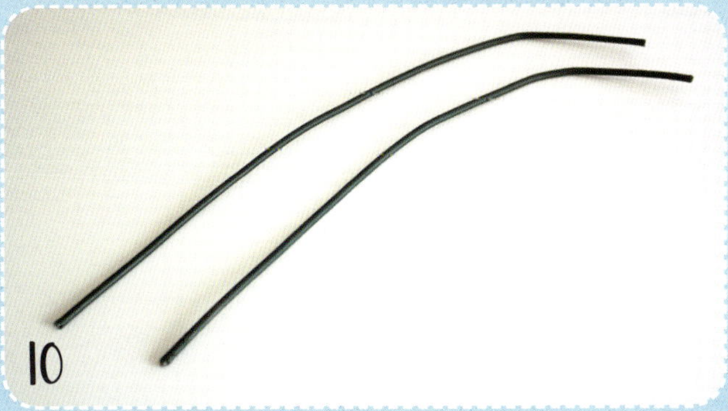

3-4 Tage vorher:

10 Nach ca. 24 Stunden, in denen die Tuben angetrocknet sind, werden die Drähte angebracht. Dafür beide Drähte in die gewünschte Länge schneiden und jeweils an einem der Enden etwas biegen.

11 Die gebogenen Enden der Drähte mit etwas Kleber versehen und vorne in die Farbtuben stecken und zum weiteren Trocknen wieder beiseitelegen, z. B. über eine Tischkante.

1 Tag vorher:

12 Für den Rührkuchen die Eier, den Puderzucker, den Vanillezucker und das Vanillemark in die KitchenAid-Rührschüssel geben und mit dem Flachrührer schaumig schlagen. Langsam die Sahne hinzugeben und weiter schlagen.

13 Das Mehl und das Backpulver in eine zweite Schüssel sieben, vermischen und portionsweise zügig in den Teig einarbeiten. Nur so lange rühren, bis sich die Zutaten zu einer homogenen Masse vermischt haben.

▼

14 Die Backform an den Seiten einfetten und den Boden mit Backpapier auslegen. Den Teig einfüllen und im vorgeheizten Ofen 70–75 Minuten backen. Die Stäbchenprobe nicht vergessen!

15 Den gebackenen Kuchen 5 Minuten in der Form ruhen lassen. Anschließend mithilfe eines Messers vom Rand lösen und umgekehrt auf ein Gitter stürzen. Vor der Weiterverarbeitung vollständig auskühlen lassen und luftdicht verpackt über Nacht in den Kühlschrank stellen.

16 Nun aus den angegebenen Zutaten eine weiße Ganache herstellen, wie auf S. 16 beschrieben. Luftdicht verpackt über Nacht bei Raumtemperatur ruhen lassen.

Fertigstellung:

17 Den Kuchen aus dem Kühlschrank nehmen und waagerecht in drei Böden teilen.

18 Jeweils eine kleine Menge der Ganache auf zwei der drei Böden verteilen und alle Böden anschließend aufeinander stapeln. Falls die Ganache zum Streichen zu fest geworden ist, kann sie portionsweise etwas erwärmt werden.

19 Die Torte rundherum mit der restlichen Ganache einstreichen und mit weißem Fondant eindecken. Tipps zum Einstreichen und Eindecken finden sich auf den Grundlagenseiten am Anfang dieses Buches (S. 10 ff).

20 Weiter geht es mit der Befestigung der Farbtuben. Die zwei Cocktailstrohhalme in die Torte stecken und bündig mit der Tortenoberfläche abschneiden. Die Strohhalme dienen der Stabilität und verhindern, dass die Drähte mit der Torte in Berührung kommen.

21 Die Drähte mit den Farbtuben nun in die Strohhalme stecken und mit rotem und blauem Fondant ummanteln.

22 An den Füßen der Farbtuben jeweils einen Farbklecks aus Fondant modellieren.

23 Für die restliche Deko gelben, grünen, roten und blauen Fondant ausrollen. Mithilfe eines Schneidrädchens oder einem scharfen Messer Farbkleckse ausschneiden, mit wenig Wasser bestreichen und nach Belieben auf der Torte verteilen.

24 Die fertige Torte kann bis zum Verzehr 1–2 Tage an einem trockenen und kühlen Ort aufbewahrt werden.

Damit die Farbfleckentorte auch von innen bunt wird, kann der fertige Teig portioniert werden und einzeln nach Belieben mit Lebensmittelfarbe eingefärbt werden. Anschließend die Teigportionen abwechselnd esslöffelweise in die Backform füllen.

Die Torte kann in Ruhe schon 1-2 Tage vor der Party gebacken und mit der Frischkäsecreme eingestrichen werden. So wird der Kuchen noch saftiger. Die Süßigkeiten allerdings erst kurz vorher auf die Torte geben, da sich der Zucker sonst an der Creme auflöst.

Süßigkeitentorte

Schwierigkeitsgrad:

✻✻✻✻✻✻

BACKFORM: RUND, Ø 15 CM
BACKZEIT: 2 X 65 MINUTEN
BEI 170 °C (OBER-/UNTERHITZE)

Für den Zitronenkuchen:

Dieser Kuchen wird zweimal gebacken!

Menge für 1 Kuchen:

60 ml Saft von frischen Zitronen
Abrieb von 1 Bio-Zitrone
170 g Butter, zimmerwarm
120 g Zucker
3 Eier
210 g Mehl
½ Pck. Backpulver

Für die Zitronen-Frischkäsecreme:

150 g Butter, zimmerwarm
150 g Puderzucker
350 g Frischkäse
100 g Speisequark
25 ml Zitronensaft

Für die Dekoration:

Süßigkeiten in verschiedenen Formen und Farben
Fruchtgummi-Schnecken

Außerdem:

Holzspieße

1 Für den Zitronenkuchen die Zitronenschale abreiben und die Zitronen auspressen. Den Abrieb und den aufgefangenen Saft beiseitestellen. Die Backform an den Seiten einfetten und den Boden mit Backpapier auslegen.

2 Die Butter, den Zucker und den Zitronenabrieb mit dem Flachrührer bei mittlerer Geschwindigkeit weiß-cremig schlagen.

3 Nach und nach die Eier hinzugeben und unterrühren. Dann den Zitronensaft hinzugeben und kurz unterrühren.

4 Das Mehl und das Backpulver in eine zweite Schüssel sieben, vermischen und portionsweise zügig in den Teig einarbeiten. Hier ist es sehr wichtig, dass das Mehlgemisch nur kurz untergerührt wird und der Teig schnell in den Ofen kommt, damit er beim Backen nicht zusammenfällt.

5 Den Teig in die vorbereitete Backform füllen und im vorgeheizten Ofen 65 Minuten backen. Stäbchenprobe nicht vergessen!

▼

Wer zwei runde Backformen mit ø 15 cm besitzt, kann die beiden Zitronenkuchen parallel zubereiten und backen. Die Stäbchenprobe machen.

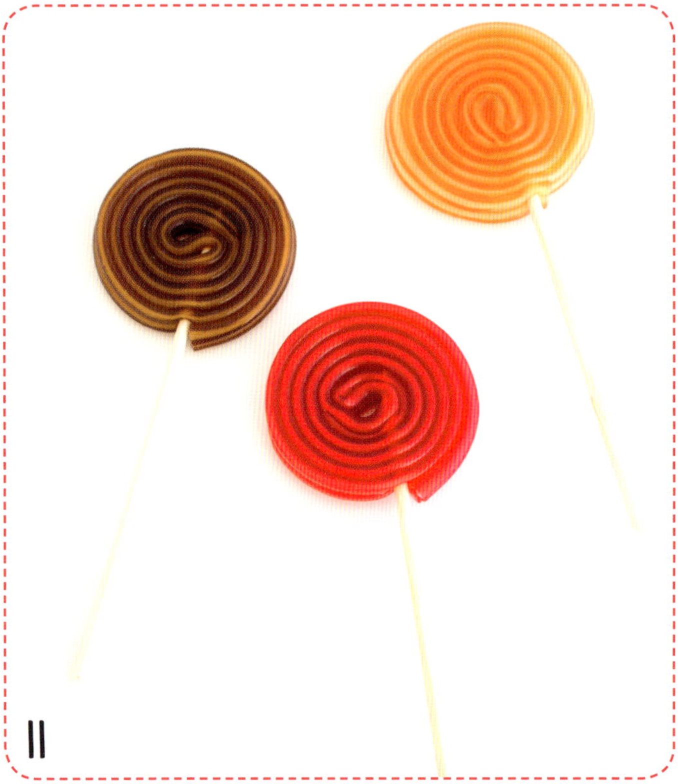

11

rührer bei mittlerer Geschwindigkeit weiß-cremig schlagen. Nach und nach den Frischkäse, den Speisequark und den Zitronensaft hinzugeben und verrühren, bis eine glatte Creme entsteht.

9 Die zwei Kuchen jeweils in drei Böden teilen, sodass insgesamt sechs Böden entstehen. Eventuell mit Zitronenguss tränken (siehe Tipp).

10 3–4 EL Frischkäsecreme auf fünf der sechs Böden verteilen und zu einer Torte stapeln. Die Torte rundherum mit der restlichen Creme besteichen und mithilfe einer Teigkarte glatt streichen.

6 Den Kuchen nach dem Backen 5 Minuten in der Form ruhen lassen, anschließend mithilfe eines Messers vom Rand lösen und umgekehrt auf ein Gitter stürzen. Vor der Weiterverarbeitung vollständig auskühlen lassen.

7 Die Arbeitsschritte 1–6 für den zweiten Kuchen wiederholen.

8 Für die Zitronen-Frischkäsecreme die Butter und den Puderzucker mit dem Flach-

11 Die Torte im Kühlschrank aufbewahren und kurze Zeit vor dem Verzehr mit den Süßigkeiten dekorieren. Für die Lollies werden ein paar Fruchtgummi-Schnecken auf dünne Holzspieße gesteckt und oben auf der Torte platziert (vor dem Servieren wieder entfernen).

Damit der Zitronenkuchen noch intensiver nach Zitrone schmeckt, kann der noch warme Kuchen mit einem Zitronenguss getränkt werden. Dazu 50 g Puderzucker mit 50 ml Zitronensaft verrühren, die Kuchenböden mit einem Holzspieß mehrmals einstechen und den Guss darauf verteilen.

Apfeltörtchen

Schwierigkeitsgrad:

✻✻✻✻✻✻

BACKFORM: RUND, Ø 15 CM
BACKZEIT: 60–65 MINUTEN
BEI 175 °C (OBER-/UNTERHITZE)

Für den Apfelrührkuchen:

1 Apfel (ca. 120 g)
1 TL Zitronensaft
100 g Apfelmus
1 TL Zimt
1 Vanilleschote, das Mark
100 g Butter, zimmerwarm
110 g Zucker
2 Eier
120 g Mehl
1 TL Backpulver
1 TL Natron

Für die Marzipancreme:

250 ml + 2 EL Milch
½ Pck. Vanillepuddingpulver
75 g Butter, zimmerwarm
75 g Puderzucker
50 g Marzipan

Für die Dekoration:

Haselnusskrokant, nach Belieben

1 Für den Rührkuchen den Apfel mit dem KitchenAid-Gemüseschneider raspeln und mit dem Zitronensaft vermischen.

2 Das Apfelmus zusammen mit dem Zimt und dem Vanillemark in einem kleinen Topf erhitzen. Beiseitestellen und abkühlen lassen.

3 Die Butter und den Zucker mit dem Flachrührer bei mittlerer Geschwindigkeit weiß-cremig schlagen. Nach und nach die Eier hinzugeben und unterrühren. Das Apfelmus und den geraspelten Apfel hinzugeben und verrühren.

4 Das Mehl und das Backpulver in eine zweite Schüssel sieben, mit dem Natron vermischen und portionsweise zügig in den Teig einarbeiten, bis sich die Zutaten zu einer homogenen Masse vermischt haben.

5 Die Backform an den Seiten einfetten, den Boden mit Backpapier auslegen. Den Teig einfüllen und im vorgeheizten Ofen 60–65 Minuten backen. Stäbchenprobe nicht vergessen!

6 Nach dem Backen 5 Minuten in der Form ruhen lassen, anschließend mit einem Messer vom Rand lösen und umgekehrt auf ein Gitter stürzen. Vor der Weiterverarbeitung vollständig auskühlen lassen.

7 Für die Marzipancreme 200 ml der Milch in einem kleinen Topf erhitzen. Mit den restlichen 50 ml das Puddingpulver anrühren. Sobald die Milch kocht, das angerührte Puddingpulver langsam unter ständigem Rühren hinzugeben. Frischhaltefolie auf den fertigen Pudding legen, damit sich keine Haut bildet. Auf Zimmertemperatur abkühlen lassen.

8 Die Butter und den Zucker mit dem Flachrührer bei mittlerer Geschwindigkeit weiß-cremig schlagen. Zur weiteren Verarbeitung ist es wichtig, dass Pudding und Butter dieselbe Temperatur haben, damit die Butter nicht ausflockt. Den Pudding nun langsam esslöffelweise und unter ständigem Rühren zur Butter-Zucker-Mischung geben.

9 Das Marzipan mit 2 EL Milch glatt rühren und durch ein feines Sieb streichen. Das Marzipangemisch unter die Puddingmasse heben. Vor dem Aufdressieren die Creme für einige Minuten in den Kühlschrank stellen, damit sie sich festigt.

10 Den Kuchen waagerecht in drei Böden teilen. Die Marzipancreme in einen Spritzbeutel mit runder Spritztülle füllen und Tupfen auf den ersten Boden setzen. Den zweiten und dritten Boden auflegen und jeweils mit Tupfern bedecken. Nach Belieben weiter verzieren, zum Beispiel mit Haselnusskrokant. Die Torte bis zum Verzehr im Kühlschrank aufbewahren.

Chocolate Drip Cake

Schwierigkeitsgrad:

✻ ✻ ✻ ✻ ✻ ✻

BACKFORM: RUND, Ø 20 CM
BACKZEIT: 2 X 60 MINUTEN
BEI 170 °C (OBER-/UNTERHITZE)

Für den Schokoladenkuchen:

Dieser Kuchen wird zweimal gebacken!

Menge für 1 Kuchen:

150 g Zartbitterschokolade
100 ml Milch
140 g Butter, zimmerwarm
140 g Zucker
3 Eier
100 g Crème fraîche
200 g Mehl
1 TL Natron
2 EL Backkakao

Für den Schokoladenüberzug:

125 ml Sahne
250 g Vollmilchschokolade

Für die Vanillepudding-Buttercreme:

500 ml Milch
1 Pck. Vanillepuddingpulver
150 g Butter, zimmerwarm
150 g Puderzucker
1 Vanilleschote, das Mark

Für die Dekoration:

50 g Schokolade
Schokopops
schokolierte Nüsse
weiße Schokoladenraspel

1 Für den Schokoladenkuchen die Milch in einem kleinen Topf erhitzen. Währenddessen die Schokolade zerkleinern. Sobald die Milch kocht, den Topf von der Herdplatte ziehen und die Schokoladenstückchen hinzugeben. Die Masse mit einem Schneebesen rühren, bis sich die Schokolade aufgelöst hat. Den Topf beiseitestellen und abkühlen lassen.

2 Die Eier trennen und das Eiweiß mit dem KitchenAid-Schneebesen steif schlagen. Eigelbe und Eischnee beiseitestellen.

3 Die Butter und den Zucker mit dem Flachrührer bei mittlerer Geschwindigkeit weißcremig schlagen. Nach und nach die Eigelbe, die Crème fraîche und die Schokoladenmasse hinzugeben und unterrühren.

4 Das Mehl in eine zweite Schüssel sieben, mit dem Natron und dem Backkakao vermischen und portionsweise zügig in den Teig einarbeiten. Nur so lange rühren, bis sich die Zutaten gut zu einer homogenen Masse vermischt haben. Zum Schluss das geschlagene Eiweiß vorsichtig unterheben.

5 Die Backform an den Seiten einfetten und den Boden mit Backpapier auslegen. Den Teig einfüllen und im vorgeheizten Ofen 60 Minuten backen. Stäbchenprobe nicht vergessen!

6 Den Kuchen nach dem Backen 5 Minuten in der Form ruhen lassen, anschließend mithilfe eines Messers vom Rand lösen und umgekehrt auf ein Gitter stürzen. Vor der Weiterverarbeitung vollständig auskühlen lassen.

7 Die Arbeitsschritte 1–6 für den zweiten Kuchen wiederholen.

8 Für den Schokoladenüberzug die Sahne in einem kleinen Topf erhitzen. Währenddessen die Schokolade zerkleinern. Sobald die Sahne kocht, den Topf von der Herdplatte ziehen und die Schokoladenstückchen hinzugeben. Die Masse mit einem Schneebesen rühren, bis sich die Schokolade aufgelöst hat. Den Topf beiseitestellen und abkühlen lassen.

▼

13

9 Für die Vanillepudding-Buttercreme 450 ml Milch in einem kleinen Topf erhitzen. Mit den restlichen 50 ml Milch das Puddingpulver anrühren. Sobald die Milch kocht, das angerührte Puddingpulver langsam unter ständigem Rühren hinzugeben. Frischhaltefolie auf den fertigen Pudding legen, damit sich keine Haut bildet. Auf Zimmertemperatur abkühlen lassen.

10 Die Butter, den Zucker und das Vanillemark mit dem Flachrührer bei mittlerer Geschwindigkeit weiß-cremig schlagen. Zur weiteren Verarbeitung ist es wichtig, dass Pudding und Butter die gleiche Temperatur haben, damit die Butter nicht ausflockt. Den Pudding nun langsam esslöffelweise und unter ständigem Rühren zur Buttermischung geben.

Fertigstellung:

11 Die beiden Kuchen waagerecht halbieren, sodass vier Böden entstehen. Drei der vier Böden nun mit der Vanillepudding-Buttercreme bestreichen und zu einer Torte schichten. Die übrige Creme mithilfe einer glatten Teigkarte um die Torte herum streichen, sodass die Böden noch an einigen Stellen durchscheinen.

12 Die abgekühlte Schokoladenmasse in einen Gefrierbeutel füllen und eine kleine Ecke des Beutels abschneiden. Die Schokolade kontrolliert am Tortenrand entlang aufspritzen, sodass sie teilweise die Torte hinunterläuft. Dann den Rest der Tortenoberfläche mit der Schokoladenmasse auffüllen.

13 Für die Dekoration wird die Schokolade geschmolzen und anschließend auf einem Backpapier dünn ausgestrichen. Weiße Schokoladenraspel auf die Schokolade streuen und anschließend aushärten lassen. Sobald die Schokolade fest ist, kann sie in Stücke gebrochen und auf die Torte gesteckt werden. Nach Belieben Schokopops und schokolierte Nüsse auf der Torte verteilen.

Wer zwei runde Backformen mit ø 20 cm besitzt, kann die beiden Schokokuchen parallel zubereiten und backen. Dabei beachten, dass sich die Backzeit unter Umständen verlängert. Die Stäbchenprobe machen.

Bunte Früchtetorte

Schwierigkeitsgrad:

BACKFORM: RUND, Ø 20 CM
BACKZEIT: 55 MINUTEN
BEI 175 °C (OBER-/UNTERHITZE)

Für den Biskuitboden:

100 g Butter
6 Eier
240 g Zucker
1 Pck. Vanillezucker
250 g Mehl
1 ½ TL Backpulver

Für die Mascarpone-Frischkäsecreme:

200 ml Sahne
2 Pck. Sahnesteif
250 g Mascarpone
300 g Frischkäse
120 g Zucker

Außerdem:

250 g Brombeeren
250 g Himbeeren
1–2 Schachteln Physalis
500 g Weintrauben
etwas Puderzucker

1 Für den Biskuitboden die Butter in einem kleinen Topf zerlassen und zum Abkühlen beiseitestellen.

2 Die Eier mit dem KitchenAid-Schneebesen schaumig schlagen. Nach und nach den Zucker und den Vanillezucker hinzugeben und weiter schlagen.

3 Das Mehl und das Backpulver in eine zweite Schüssel sieben, vermischen und portionsweise zügig in die Zucker-Ei-Mischung einarbeiten. Nur so lange rühren, bis sich die Zutaten zu einer homogenen Masse vermischt haben. Dann die Butter ebenfalls kurz unterrühren.

4 Die Backform an den Seiten einfetten und den Boden mit Backpapier auslegen. Den Teig einfüllen und im vorgeheizten Ofen 55 Minuten backen. Die Stäbchenprobe nicht vergessen!

5 Den Kuchen nach dem Backen 5 Minuten in der Form ruhen lassen, anschließend mithilfe eines Messers vom Rand lösen und umgekehrt auf ein Gitter stürzen. Vor der Weiterverarbeitung vollständig auskühlen lassen.

6 Währenddessen die Mascarpone-Frischkäsecreme zubereiten. Dazu die Sahne mit dem KitchenAid-Schneebesen steif schlagen und das Sahnesteif einrieseln lassen.

7 Den Mascarpone, den Frischkäse und den Zucker miteinander verrühren und die geschlagene Sahne unterheben.

▼

Fertigstellung:

8 Den Biskuitkuchen waagerecht in drei Böden teilen. Den ersten Boden mit Creme bestreichen und mit Früchten belegen. Dabei die Früchte zuerst an den Rand setzen und dann den ganzen Boden damit auffüllen. Auf die Früchte eine weitere Schicht Creme verteilen und den nächsten Boden aufsetzen.

9 Die Arbeitsschritte wiederholen. Auf den obersten Boden ebenfalls etwas Creme verteilen und einige Früchte darauf dekorieren.

10 Zum Schluss etwas Puderzucker in ein Sieb geben und über die Torte sieben. Die Torte bis zum Verzehr im Kühlschrank aufbewahren.

Die Früchte können beliebig kombiniert werden.
Wie wäre es zum Beispiel mit Kirschen, Blaubeeren oder blauen Trauben?

Karottentorte mit schüchternem Häschen

Schwierigkeitsgrad:

✻ ✻ ✻ ✻ ✻ ✻

BACKFORM: RUND, Ø 20 CM
BACKZEIT: 70–75 MINUTEN
BEI 175 °C (OBER-/UNTERHITZE)

Für den Karotten-Haselnuss-kuchen:

300 g Karotten
2 TL Zitronensaft
200 g Butter, zimmerwarm
150 g Zucker
5 Eier
150 g Mehl
1 Pck. Backpulver
200 g Haselnüsse, gemahlen
1 TL Zimt

Für die Sahne-Quarkcreme:

200 ml Sahne
1 Pck. Gelatine fix
100 g Speisequark
50 g Frischkäse
40 g Puderzucker

Für die Dekoration:

weißer Fondant
etwas rosa Fondant
3 kleine Karotten mit Grün
2–4 Cookies

1 Für den Karotten-Haselnuss-kuchen die Karotten mit dem KitchenAid-Gemüseschneider fein raspeln, mit dem Zitronen-saft vermischen und beiseite-stellen.

2 Die Butter und den Zucker mit dem Flachrührer bei mittlerer Geschwindigkeit weiß-cremig schlagen. Nach und nach die Eier hinzugeben und unterrühren.

3 Das Mehl und das Back-pulver in eine zweite Schüssel sieben, mit den Haselnüssen und dem Zimt vermischen und portionsweise zügig in den Teig einarbeiten. Nur so lange rühren, bis sich die Zutaten gut zu einem Teig vermischt haben. Dann die Karotten unterheben.

4 Die Backform an den Seiten einfetten und den Boden mit Backpapier auslegen. Den Teig einfüllen und im vorgeheizten Backofen 70–75 Minuten backen. Stäbchenprobe nicht vergessen!

5 Den Kuchen nach dem Backen 5 Minuten in der Form ruhen lassen, anschließend mithilfe eines Messers vom Rand lösen und umgekehrt auf ein Gitter stürzen. Vor der Weiterverarbeitung vollständig auskühlen lassen.

6 Währenddessen die Sahne-Quarkcreme zubereiten. Hierzu die Sahne und das Gelatine fix mit dem KitchenAid-Schnee-besen steif schlagen.

7 Den Speisequark und den Frischkäse kurz unterrühren. Zum Schluss den Puderzucker einsieben und ebenfalls kurz unterrühren. Die Creme für ein paar Minuten in den Kühl-schrank stellen, bis sie etwas fester geworden ist.

▼

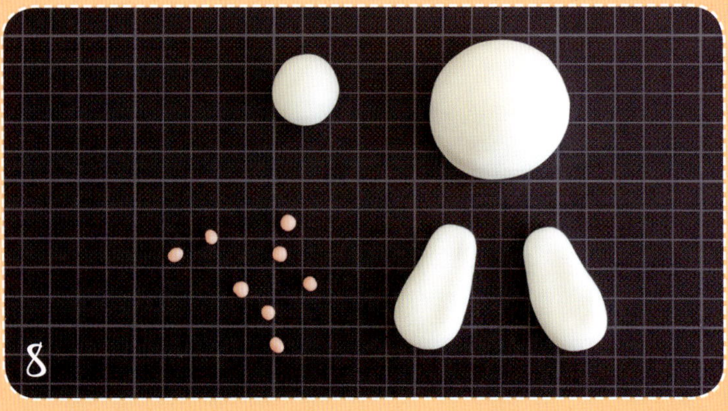

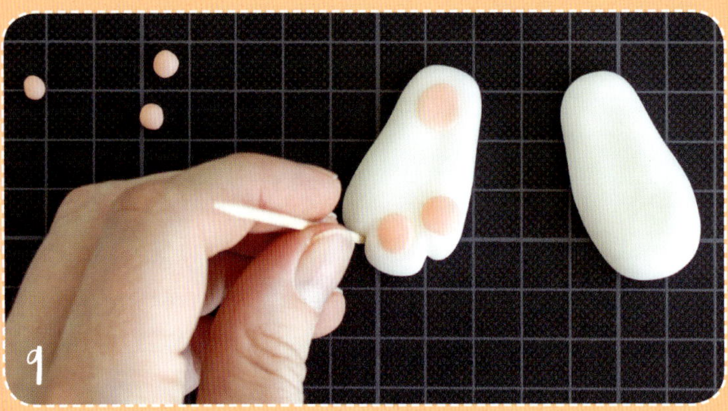

Modellierung Hase:

8 Für den kleinen Hasen aus dem weißen Fondant eine Halbkugel für das Hinterteil formen. Außerdem eine kleine Halbkugel für den Hasenschwanz und zwei ovale Teile für die Pfoten modellieren.

9 Aus dem rosa Fondant acht kleine Kügelchen formen. Diese platt drücken und mit ein wenig Wasser auf die Pfoten kleben. Mithilfe eines Zahnstochers können die Pfoten noch etwas ausgeformt werden.

10 Damit der Hasenschwanz Struktur bekommt, mit dem Zahnstocher rundherum in die kleine Halbkugel einstechen.

11 Jetzt muss der Hase nur noch zusammengesetzt werden. Dafür mithilfe eines Pinsels ein wenig Wasser auf die Pfoten und den Hasenschwanz streichen und diese an das Hinterteil kleben.

Fertigstellung:

12 Den Karottenkuchen waagerecht in vier Böden teilen. Jeden Boden mit einem Viertel der Sahne-Quarkcreme bestreichen und zu einer Torte stapeln.

13 Die Karotten schälen, den unteren Teil etwas anspitzen, das Grün etwas stutzen und die Karotten oben in die Torte stecken.

14 Für die restliche Deko die Cookies zerkrümeln und auf der Torte verteilen. Nun den Hasen auf die Krümel setzen.

15 Die Torte bis zum Verzehr im Kühlschrank aufbewahren, damit die Creme fest wird.

Pfannkuchentorte

Schwierigkeitsgrad:

* * * * * *

PFANNE Ø 18–20 CM

Für die Pfannkuchen:

500 ml Milch
30 g Zucker
½ TL Salz
3 Eier
300 g Mehl
1 TL Backpulver

Für die Sahnecreme:

200 ml Sahne
1 Pck. Sahnesteif
1 Pck. Vanillezucker

Außerdem:

1 Schale Erdbeeren
150 g Nussnougatcreme
50 g Vollmilchkuvertüre
50 g weiße Kuvertüre

1 Für die Pfannkuchen alle Zutaten in die KitchenAid-Rührschüssel geben und mit dem KitchenAid-Schneebesen verrühren. Den Teig 30 Minuten quellen lassen.

2 Die Pfannkuchen in einer Pfanne mit ein wenig Öl nacheinander ausbacken und abkühlen lassen.

3 Für die Sahnecreme die Sahne mit dem KitchenAid-Schneebesen steif schlagen und dabei das Sahnesteif und den Vanillezucker einrieseln lassen. Die Sahne beiseitestellen.

4 Die Vollmilchkuvertüre und die weiße Kuvertüre in Stücke hacken. Die Erdbeeren waschen und einige für die Dekoration beiseitestellen. Den Rest der Erdbeeren in Scheiben schneiden.

5 Einen abgekühlten Pfannkuchen auf die Tortenplatte setzen, mit Nussnougatcreme bestreichen und mit Erdbeerscheiben bedecken. Dann den nächsten Pfannkuchen aufsetzen, mit Sahnecreme bestreichen und einen Teil der gehackten Kuvertüre darauf verteilen.

6 Die restlichen Pfannkuchen abwechselnd entweder mit der Nougatcreme und den Erdbeeren oder mit der Sahnecreme und der Kuvertüre garnieren und zu einer Torte schichten.

7 Auf den letzten Pfannkuchen eine Sahneschicht streichen und einige Erdbeeren dekorativ darauf verteilen. Zum Schluss die restliche gehackte Kuvertüre über die Torte streuen. Die Torte bis zum Verzehr im Kühlschrank aufbewahren.

Beerentorte mit Schokolade bekleidet

Schwierigkeitsgrad:

✻✻✻✻✻✻

BACKFORMEN: RUND,
Ø 25 CM (UNTERE EBENE),
Ø 20 CM (MITTLERE EBENE),
Ø 15 CM (OBERE EBENE)
BACKZEITEN: 75–80 MINUTEN
(UNTERE EBENE), 70–75 MINUTEN
(MITTLERE EBENE),
65–70 MINUTEN (OBERE EBENE)
BEI 170 °C (OBER-/UNTERHITZE)

Für den Vanillekuchen:

Untere Ebene:

7 Eier
375 g Puderzucker
3 Pck. Vanillezucker
375 ml Vanillesoße
180 ml Öl
375 g Mehl
1 ½ Pck. Backpulver

Mittlere Ebene:

5 Eier
250 g Puderzucker
2 Pck. Vanillezucker
250 ml Vanillesoße
120 ml Öl
250 g Mehl
1 Pck. Backpulver

Obere Ebene:

2 Eier
125 g Puderzucker
1 Pck. Vanillezucker
125 ml Vanillesoße
60 ml Öl
125 g Mehl
½ Pck. Backpulver

Für die Himbeer-Sahne-Quarkcreme:

800 ml Sahne
6 Pck. Sahnesteif
400 g Himbeergelee
500 g Speisequark
5 Pck. Vanillezucker

Für die Dekoration:

Nach Belieben:

(weiße) Schokoladenröllchen oder Mikadostäbchen
Himbeeren
Heidelbeeren

Außerdem:

stabile Pappe
dicke Cocktailstrohhalme

1 Für den Vanillekuchen (alle Ebenen) die Eier, den Puderzucker und den Vanillezucker mit dem KitchenAid-Schneebesen schaumig schlagen. Langsam die Vanillesoße und das Öl hinzugeben und weiter aufschlagen.

2 Das Mehl und das Backpulver in eine zweite Schüssel sieben, vermischen und portionsweise zügig in den Teig einarbeiten. Nur so lange rühren, bis sich die Zutaten gut zu einer homogenen Masse vermischt haben.

3 Die Backform an den Seiten einfetten und den Boden mit Backpapier auslegen. Den Teig einfüllen und im vorgeheizten Backofen entsprechend der jeweiligen Backdauer backen. Stäbchenprobe nicht vergessen!

▼

Neben Himbeeren und Heidelbeeren machen sich auch Johannisbeerrispen gut, die über den Rand der Schokoladenröllchen gehängt werden können.

4 Den Kuchen nach dem Backen 5 Minuten in der Form ruhen lassen, anschließend mithilfe eines Messers vom Rand lösen und umgekehrt auf ein Gitter stürzen. Vor der Weiterverarbeitung vollständig auskühlen lassen.

5 Die Arbeitsschritte 1–4 für die anderen beiden Kuchen wiederholen.

6 Für die Himbeer-Sahne-Quarkcreme die Sahne mit dem KitchenAid-Schneebesen steif schlagen und das Sahnesteif dabei einrieseln lassen. Die Sahne beiseitestellen.

7 Das Himbeergelee mit dem KitchenAid-Schneebesen kurz glattrühren. Den Quark und den Vanillezucker hinzugeben und alles miteinander verrühren. Zum Schluss die Sahne unterheben und die Creme bis zur Verwendung kalt stellen.

Fertigstellung:

8 Die Kuchen jeweils waagerecht in drei Böden teilen, sodass insgesamt neun Böden vorhanden sind.

9 Für die untere Ebene werden zwei der drei Böden mit Himbeer-Sahne-Quarkcreme bestrichen und die Böden zu einer Torte gestapelt. Anschließend die Torte rundherum dunn mit Creme bestreichen. Die Arbeitsschritte für die mittlere und obere Ebene wiederholen.

10 Nun die drei Ebenen auf der stabilen Unterlage aufeinanderstapeln und mit den Cocktailstrohhalmen stützen, wie in den Grundlagenseiten am Anfang des Buches beschrieben (S. 13).

11 Zum Schluss die Schokoladenröllchen auf die Creme an den Rand der Torte drücken. Dabei dürfen die Röllchen etwas über die Torte herausragen. Den Zwischenraum mit den Beeren befüllen und einige Früchte oben auf die Torte legen.

Damit die Beerentorte zum typischen Naked Cake wird, können die Schokoröllchen auch weggelassen werden. Die Torte dann so mit der Buttercreme bestreichen, dass die einzelnen Ebenen noch hindurchschimmern. Die Torte nach Belieben mit den Beeren dekorieren und/oder eine Schokoladen-Ganache über die Torte geben.

Karamelltorte mit Popcorn

Schwierigkeitsgrad:

BACKFORM: RUND, Ø 15 CM
BACKZEIT: 2 X 60 MINUTEN
BEI 180 °C (OBER-/UNTERHITZE)

Für den Haselnusskuchen:

Dieser Kuchen wird zweimal gebacken!

Menge für 1 Kuchen:

125 g Butter, zimmerwarm
100 g Zucker
2 Eier
125 g Mehl
½ Pck. Backpulver
100 g Haselnüsse, gemahlen
60 ml Milch

Für die Karamellsoße:

300 g Zucker
3 EL Wasser
75 g Butter
200 ml Sahne

Für die Nussbuttercreme:

250 ml Milch
½ Pck. Vanillepuddingpulver
75 g Butter, zimmerwarm
75 g Puderzucker
50 g Haselnüsse, gemahlen

Für die Dekoration:

Popcorn, gekauft oder selbstgemacht
50 g Zucker
1 TL Wasser

Außerdem:

Holzspieße

1 Für den Haselnusskuchen die Butter und den Zucker mit dem Flachrührer bei mittlerer Geschwindigkeit weiß-cremig schlagen. Nach und nach die Eier hinzugeben und unterrühren. Dann auch die Milch und die Haselnüsse hinzugeben und verrühren.

2 Das Mehl und das Backpulver in eine zweite Schüssel sieben, vermischen und portionsweise zügig in den Teig einarbeiten. Nur so lange rühren, bis sich die Zutaten zu einer homogenen Masse vermischt haben.

3 Die Backform an den Seiten einfetten und den Boden mit Backpapier auslegen. Den Teig einfüllen und im vorgeheizten Ofen 60 Minuten backen. Die Stäbchenprobe nicht vergessen!

4 Den Kuchen nach dem Backen 5 Minuten in der Form ruhen lassen, anschließend mithilfe eines Messers vom Rand lösen und umgekehrt auf ein Gitter stürzen. Vor der Weiterverarbeitung vollständig auskühlen lassen.

5 Die Arbeitsschritte 1–4 für den zweiten Kuchen wiederholen.

6 Für die Karamellsauce den Zucker zusammen mit dem Wasser in einen kleinen Topf geben und bei mittlerer Stufe und unter ständigem Rühren schmelzen lassen. Die Herdplatte hochstellen und den Zucker karamellisieren lassen.

7 Sobald die Masse homogen ist und eine goldbraune Farbe hat, den Topf von der Herdplatte ziehen. Dann die Butter und die Sahne hinzugeben. Die Masse wird dabei etwas klumpig, löst sich aber bei weiterem Rühren wieder auf und wird homogen. Den Topf wieder auf die Herdplatte stellen und ein wenig weiter köcheln lassen, bis die Masse dicker wird. Die Karamellsoße abkühlen lassen, bis sie die gewünschte Konsistenz hat. Je kälter die Soße, desto dickflüssiger wird sie.

▼

8 Für die Nussbuttercreme 200 ml Milch in einem kleinen Topf erhitzen. Mit den restlichen 50 ml Milch das Puddingpulver anrühren. Sobald die Milch kocht, das angerührte Puddingpulver langsam unter ständigem Rühren hinzugeben. Frischhaltefolie auf den fertigen Pudding legen, damit sich keine Haut bildet. Auf Zimmertemperatur abkühlen lassen.

9 Die Butter und den Zucker mit dem Flachrührer bei mittlerer Geschwindigkeit weiß-cremig schlagen. Zur weiteren Verarbeitung ist es wichtig, dass Pudding und Butter die gleiche Temperatur haben, damit die Butter nicht ausflockt. Den Pudding nun langsam esslöffelweise und unter ständigem Rühren zur Buttermischung geben. Zum Schluss die gemahlenen Haselnüsse unterrühren.

10 Für das Popcorn mit den Karamellfäden wird der Zucker karamellisiert, wie in den Arbeitsschritten für die Karamellsoße beschrieben. Sobald der Zucker goldbraun ist, den Topf von der Herdplatte nehmen und etwas abkühlen lassen.

11 Einige Popcorn auf Holzspieße stecken und in das Karamell tauchen. Langsam wieder herausziehen und abtropfen lassen. Die Spieße müssen zum Abkühlen aufgehängt werden, z. B. an einer Schnur, damit sie nirgends an- oder aufliegen.

12 Hinterher die Spieße wieder herausziehen bzw. abtrennen, falls sie festgeklebt sein sollten. Dabei etwas aufpassen, denn die Fäden brechen schnell.

Wer zwei runde Backformen mit ø 15 cm besitzt, kann die beiden Haselnusskuchen parallel zubereiten und backen. Die Stäbchenprobe machen.

Fertigstellung:

13 Die zwei Kuchen jeweils in drei (insgesamt sechs) Böden teilen. Auf fünf der sechs Böden 1 EL Nussbuttercreme und 2–3 EL Karamellsoße verteilen und die Böden zu einer Torte stapeln.

14 Die Torte mit der restlichen Nussbuttercreme rundherum einstreichen und mithilfe einer Teigkarte glatt streichen. Dabei die Creme so verteilen, dass die Böden noch durchscheinen.

15 Die restliche Karamellsoße in einen Gefrierbeutel füllen und eine kleine Ecke des Beutels abschneiden. Die Karamellsoße kontrolliert am Tortenrand entlang aufspritzen, sodass sie teilweise die Torte hinunterläuft. Dann den Rest der Tortenoberfläche mit der Karamellsoße auffüllen. Etwas Soße für die Dekoration aufheben.

16 Für die Dekoration wird das Popcorn auf die Torte gehäuft. Damit es nicht herunter fällt, immer wieder etwas Karamellsoße darauf verteilen und das Popcorn darauf setzen. Zum Schluss das Popcorn mit den Karamellspitzen obenauf platzieren.

Fruchtige Melonentorte

Schwierigkeitsgrad:

✻ ✻ ✻ ✻ ✻ ✻

BACKFORM: RUND, Ø 20 CM
BACKZEIT: 20–25 MINUTEN
BEI 190 °C (OBER-/UNTERHITZE)

Für den Boden:

70 g Butter, zimmerwarm
70 g Zucker
1 Pck. Vanillezucker
2 Eier
120 g Mehl
1 TL Backpulver
1 Prise Salz

Für die Stracciatella-Frischkäsecreme:

100 g Butter, zimmerwarm
75 g Puderzucker
200 g Frischkäse
25 g Zartbitter-Schokoladenraspel

Außerdem:

1 große Honigmelone
1 kleine Wassermelone
50 g Zartbitterkuvertüre

1 Für den Boden die Butter, den Zucker und den Vanillezucker mit dem KitchenAid-Flachrührer bei mittlerer Geschwindigkeit weiß-cremig schlagen. Nach und nach die Eier hinzugeben und unterrühren.

2 Das Mehl in eine zweite Schüssel sieben, mit dem Backpulver und dem Salz vermischen und portionsweise zügig in den Teig einarbeiten. Nur so lange rühren, bis sich die Zutaten gut zu einer homogenen Masse vermischt haben.

3 Die Backform an den Seiten einfetten und den Boden mit Backpapier auslegen. Den Teig einfüllen und im vorgeheizten Ofen 20–25 Minuten backen. Die Stäbchenprobe machen!

4 Den Kuchen nach dem Backen 5 Minuten in der Form ruhen lassen, anschließend mit einem Messer vom Rand lösen und umgekehrt auf ein Gitter stürzen. Vor der Weiterverarbeitung vollständig auskühlen lassen.

5 Für die Stracciatella-Frischkäsecreme die Butter und den Puderzucker mit dem Flachrührer bei mittlerer Geschwindigkeit weiß-cremig schlagen. Nach und nach den Frischkäse hinzugeben und verrühren, bis eine glatte Creme entsteht. Zum Schluss die Schokoladenraspel unterrühren.

▼

Zusammensetzung Torte:

6 Zunächst wird die Kuvertüre über einem Wasserbad geschmolzen. Die Schokolade dann auf den Kuchenboden streichen und beiseitestellen, damit die Schokolade wieder erhärten kann.

7 Nun wird aus der Honigmelone an der dicksten Stelle eine 3–4 cm dicke Scheibe herausgeschnitten. Die Mitte und den Rand der Scheibe entfernen.

8 Nun auch aus der Wassermelone zwei 3–4 cm dicke Scheiben herausschneiden. Die Honigmelonenscheibe darauf legen und die Wassermelonenscheiben auf die gleiche Größe zurechtschneiden.

9 Die Wassermelonenscheiben mit Küchentüchern trocken tupfen.

10 Eine Wassermelonenscheibe nun auf den Kuchenboden legen und den überstehenden Rand abschneiden.

11 Die erste Schicht mit der Stracciatella-Frischkäsecreme bestreichen und die Honigmelonenscheibe auflegen.

12 Das Loch mit Creme füllen, den Rand bestreichen und die zweite Wassermelonenscheibe auflegen.

13 Die Torte rundherum mit der restlichen Creme bestreichen.

14 Für die Deko einige Kreise aus den übrig gebliebenen Melonenteilen ausstechen und auf die Torte setzen. Die fertige Torte frisch verzehren.

7
Fruit

8
Fruit

10

11

13

Schatztorte mit Goldtalerüberraschung

Schwierigkeitsgrad:

✻ ✻ ✻ ✻ ✻ ✻

BACKFORM: ECKIG, Ø 15 CM
BACKZEIT: 2 X 60–65 MINUTEN
BEI 175 °C (OBER-/UNTERHITZE)

Für den Mandel-Schokoladenkuchen:

Dieser Kuchen wird zweimal gebacken!

Menge für 1 Kuchen:

150 g Butter, zimmerwarm
120 g Zucker
1 Pck. Vanillezucker
2 Eier
60 ml Milch
150 g Mehl
100 g Mandeln, gemahlen
2 TL Backpulver
1 Prise Salz
70 g Schokoladentropfen

Für die Schokoladen-Buttercreme:

Für die Ganache:
75 ml Sahne
150 g Vollmilchschokolade

Für die Buttercreme:
75 g Butter, zimmerwarm
100 g Puderzucker
1 TL Wasser

Für die Dekoration:

Schokoladenriegel
1 Btl. Schokoladentaler
gebastelte Papierdeko

1 Für den Kuchen die Butter, den Zucker und den Vanillezucker mit dem Flachrührer bei mittlerer Geschwindigkeit weiß-cremig schlagen. Nach und nach die Eier hinzugeben und unterrühren. Dann auch die Milch hinzugeben und verrühren.

2 Das Mehl, die gemahlenen Mandeln, das Backpulver und das Salz in eine zweite Schüssel sieben, vermischen und portionsweise zügig in den Teig einarbeiten. Nur so lange rühren, bis sich die Zutaten gut zu einer homogenen Masse vermischt haben. Dann die Schokoladentropfen unterheben.

3 Die Backform an den Seiten einfetten und den Boden mit Backpapier auslegen. Den Teig einfüllen und im vorgeheizten Backofen 60–65 Minuten backen. Die Stäbchenprobe machen!

4 Den Kuchen nach dem Backen 5 Minuten in der Form ruhen lassen, anschließend mit einem Messer vom Rand lösen und umgekehrt auf ein Gitter stürzen. Vor der Weiterverarbeitung vollständig auskühlen lassen.

5 Die Arbeitsschritte 1–4 für den zweiten Kuchen wiederholen.

6 Für die Schokoladen-Buttercreme die Ganache aus den angegebenen Zutaten entsprechend der Anleitung auf S. 16 zubereiten.

7 Die Butter in der KitchenAid-Rührschüssel mit dem Flachrührer bei mittlerer Geschwindigkeit weiß-cremig schlagen.

8 Den Puderzucker einsieben und die Masse noch einmal aufschlagen. Dann auch das Wasser hinzugeben und unterrühren.

9 Ist die Ganache abgekühlt, werden beide Cremes miteinander vermischt. Dafür die Ganache in die Schüssel mit der Buttercreme geben und mit dem KitchenAid-Schneebesen verrühren, bis die Cremes sich vollständig vermischt haben.

▼

Fertigstellung:

10 Die beiden Kuchen jeweils waagerecht halbieren und aus zwei der Kuchenböden ein gleich großes Quadrat herausschneiden.

11 Nun wird gestapelt: Den Rand eines Kuchenbodens (ohne Loch) mit Schokoladen-Buttercreme einstreichen und darauf einen Kuchenboden mit Loch legen. Diesen ebenfalls mit Creme bestreichen und darauf den anderen Boden mit Loch legen.

12 Die Aushöhlung mit Goldtalern füllen und den Rand wieder mit Schokoladen-Buttercreme einstreichen.

13 Den vierten Kuchenboden auflegen und die ganze Torte mithilfe einer Teigkarte rundherum mit der Schokoladen-Buttercreme einstreichen.

14 Als nächstes die Schokoladenriegel an die Seiten der Torte drücken, sodass alle Seiten damit bedeckt sind.

15 Für den „Sand" ein paar helle Kuchenkrümel aus den ausgeschnittenen Quadraten zerkrümeln und auf die Torte streuen. Wenn die Kuchenkrümel vorher bei mittlerer Hitze ein paar Minuten im Backofen getrocknet werden, können sie noch feiner zerbröselt werden und sehen somit noch authentischer aus.

16 Zum Schluss nur noch die Papierdeko einstecken. Die Torte bis zum Verzehr im Kühlschrank aufbewahren.

Wer zwei eckige Backformen mit ø 15 cm besitzt, kann die beiden Mandel-Schokoladenkuchen parallel zubereiten und backen. Die Stäbchenprobe machen.

10

12

14

Kinder-Pinguí-Torte

Schwierigkeitsgrad:

✻ ✻ ✻ ✻ ✻ ✻

BACKFORM: RUND, Ø 20 CM
BACKZEIT: 55 MINUTEN
BEI 175 °C (OBER-/UNTERHITZE)

Für den Biskuitboden:

100 g Butter
6 Eier
240 g Zucker
1 Pck. Vanillezucker
200 g Mehl
50 g Backkakao
1 ½ TL Backpulver

Für die Sahnecreme:

300 ml Sahne
2 Pck. Sahnesteif
50 g Schmand
3 Pck. Vanillezucker

Für die Dekoration:

1 Pck. Kinder-Pinguí

Außerdem:

275 g Zartbitterkuvertüre

1 Für den Biskuitboden die Butter in einem kleinen Topf zerlassen und zum Abkühlen beiseitestellen.

2 Die Eier mit dem KitchenAid-Schneebesen schaumig schlagen. Nach und nach den Zucker und den Vanillezucker hinzugeben und weiter schlagen.

3 Das Mehl, den Backkakao und das Backpulver in eine zweite Schüssel sieben, vermischen und portionsweise zügig in den Teig einarbeiten. Nur so lange rühren, bis sich die Zutaten gut zu einer homogenen Masse vermischt haben. Dann die Butter kurz unterrühren.

4 Die Backform an den Seiten einfetten und den Boden mit Backpapier auslegen. Den Teig einfüllen und im vorgeheizten Ofen 55 Minuten backen. Die Stäbchenprobe machen!

5 Den Kuchen nach dem Backen 5 Minuten in der Form ruhen lassen, anschließend mithilfe eines Messers vom Rand lösen und umgekehrt auf ein Gitter stürzen. Vor der Weiterverarbeitung vollständig auskühlen lassen.

6 Für die Sahnecreme die Sahne mit dem KitchenAid-Schneebesen steif schlagen und das Sahnesteif dabei einrieseln lassen. Den Schmand mit dem Vanillezucker verrühren und unter die Sahne heben.

▼

8

12

Fertigstellung:

7 Den Biskuitboden waagerecht in drei Böden teilen. Dabei den oberen, ungeraden Boden wegstellen, für die Torte werden nur die beiden geraden Böden benötigt. Der dritte Boden lässt sich gut einfrieren und zum Beispiel für einen Obstboden verwenden.

8 Einen Tortenring um den ersten Boden legen und die Hälfte der Sahnecreme darauf verteilen.

9 75 g Zartbitterkuvertüre über einem Wasserbad schmelzen und gleichmäßig auf der Sahnecreme verteilen. Dabei zügig arbeiten, da die Schokolade schnell hart wird.

10 Sobald die Schokoladenschicht fest geworden ist, die zweite Hälfte der Sahnecreme darauf verteilen, dann den zweiten Tortenboden auflegen.

11 Die Torte im Tortenring für einige Stunden in den Kühlschrank stellen, idealerweise über Nacht.

12 Für den Schokoladenüberzug die restliche Kuvertüre schmelzen. Währenddessen den Tortenring von der Torte lösen und einen Spatel bereitlegen.

13 Die geschmolzene Schokolade über die Torte gießen und mithilfe des Spatels zügig rundherum verteilen.

14 Für die Dekoration einige Kinder-Pinguí aufschneiden und auf der Torte drapieren, solange die Schokolade noch nicht ganz ausgehärtet ist.

15 Die Torte bis zum Verzehr im Kühlschrank aufbewahren.

Kokostorte mit eingebackenen Raffaellos

Schwierigkeitsgrad:

BACKFORM: RUND, Ø 20 CM
BACKZEIT: 40–50 MINUTEN
BEI 180 °C (OBER-/UNTERHITZE)

Für den Kokoskuchen:

125 g Butter, zimmerwarm
100 g Zucker
2 Eier
60 ml Milch
100 g Kokosflocken
75 g Mandeln, gemahlen
125 g Mehl
½ Pck. Backpulver
1 Pck. Raffaellos (150 g)

Für die Kokoscreme:

125 ml Kokosmilch, dickflüssig
125 ml Milch
50 g Mehl
70 g Puderzucker
100 g Butter, zimmerwarm

Für die Dekoration:

1 Pck. Raffaellos (150 g)

1 Für den Kokoskuchen die Butter und den Zucker mit dem Flachrührer bei mittlerer Geschwindigkeit weiß-cremig schlagen. Nach und nach die Eier hinzugeben und unterrühren. Dann auch die Milch, die Kokosflocken und die gemahlenen Mandeln hinzugeben und verrühren.

2 Das Mehl und das Backpulver in eine zweite Schüssel sieben, vermischen und portionsweise zügig in den Teig einarbeiten. Nur so lange rühren, bis sich die Zutaten gut zu einer homogenen Masse vermischt haben.

3 Die Backform an den Seiten einfetten und den Boden mit Backpapier auslegen. Den Teig einfüllen und die Raffaelos in den Teig eindrücken, sodass sie den Boden berühren. Im vorgeheizten Ofen 45–50 Minuten backen. Die Stäbchenprobe nicht vergessen!

4 Den Kuchen nach dem Backen 5 Minuten in der Form ruhen lassen, anschließend mithilfe eines Messers vom Rand lösen und auf einem Kuchengitter abkühlen lassen. Vor der Weiterverarbeitung vollständig auskühlen lassen.

▼

3

9

10a

10b

5 Für die Kokoscreme die Kokosmilch, die Milch, das Mehl und den Puderzucker mit einem Schneebesen in einem kleinen Topf verrühren und unter ständigem Rühren zu einem Pudding aufkochen lassen. Der Pudding ist fertig, sobald er dick und zäh ist.

6 Frischhaltefolie auf den fertigen Pudding legen, damit sich keine Haut bildet. Auf Zimmertemperatur abkühlen lassen.

7 Die Butter mit dem KitchenAid-Flachrührer bei mittlerer Geschwindigkeit weiß-cremig schlagen. Zur weiteren Verarbeitung ist es wichtig, dass Pudding und Butter die gleiche Temperatur haben, damit die Butter nicht ausflockt. Den Pudding nun langsam esslöffelweise und unter ständigem Rühren zur Butter geben.

8 Vor dem Aufdressieren die Creme für einige Minuten in den Kühlschrank stellen, damit sie sich festigt.

Fertigstellung:

9 Zunächst etwas Kokoscreme mit dem Spatel auf dem Kuchen verteilen und verstreichen, sodass die Oberfläche des Kuchens eben wird.

10 Den Rest der Creme in einen Spritzbeutel mit einer runden Lochtülle füllen und von der Mitte des Kuchens aus eine Spirale nach außen ziehen.

11 Alle Raffaellos rundherum auf der Torte verteilen. Die Torte bis zum Verzehr im Kühlschrank aufbewahren.

Grüne Limetten-Erdbeer-Torte

Schwierigkeitsgrad:

✻ ✻ ✻ ✻ ✻ ✻

BACKFORM: RUND, Ø 20 CM
BACKZEIT: 70–75 MINUTEN
BEI 170 °C (OBER-/UNTERHITZE)

Für den Limettenkuchen:

90 ml Saft von frischen Limetten
Abrieb von 1 Bio-Limette
280 g Butter, zimmerwarm
200 g Zucker
5 Eier
350 g Mehl
½ Pck. Backpulver
etwas grüne Lebensmittelfarbe

Für die Mascarpone-Erdbeercreme:

300 g frische oder TK-Erdbeeren
40 ml Wasser
1 EL Zitronensaft oder Limettensaft
200 ml Sahne
2 Pck. Sahnesteif
500 g Mascarpone
50 g Puderzucker
2 Pck. Vanillezucker

Für die Dekoration:

2–3 Limetten

1 Für den Limettenkuchen die Limettenschale abreiben und die Limetten auspressen. Den Abrieb und den aufgefangenen Saft beiseitestellen.

2 Die Butter, den Zucker und den Limettenabrieb mit dem Flachrührer bei mittlerer Geschwindigkeit weiß-cremig schlagen.

3 Nach und nach die Eier hinzugeben und unterrühren. Dann auch den Limettensaft und die Lebensmittelfarbe hinzugeben und kurz unterrühren.

4 Das Mehl und das Backpulver in eine zweite Schüssel sieben, vermischen und portionsweise zügig in den Teig einarbeiten. Hierbei ist es sehr wichtig, dass das Mehlgemisch nur kurz untergemischt wird und der Teig schnell in den Ofen kommt, damit er beim Backen nicht zusammenfällt.

5 Die Backform an den Seiten einfetten und den Boden mit Backpapier auslegen. Den Teig einfüllen und im vorgeheizten Ofen 70–75 Minuten backen. Die Stäbchenprobe nicht vergessen!

6 Den Kuchen nach dem Backen 5 Minuten in der Form ruhen lassen, anschließend mithilfe eines Messers vom Rand lösen und umgekehrt auf ein Gitter stürzen. Vor der Weiterverarbeitung vollständig auskühlen lassen.

7 Für die Mascarpone-Erdbeercreme die Erdbeeren zusammen mit dem Wasser in einem kleinen Topf aufkochen und köcheln lassen, bis die Erdbeeren weich sind. Den Zitronensaft hinzugeben und im Blender pürieren. Die Masse durch ein feines Sieb streichen und abkühlen lassen.

8 Die Sahne mit dem KitchenAid-Schneebesen steif schlagen und das Sahnesteif dabei einrieseln lassen. Die Sahne beiseitestellen. Den Mascarpone mit dem Puderzucker und dem Vanillezucker glattrühren. Die abgekühlte Erdbeermasse unterrühren und zum Schluss die geschlagene Sahne unterheben.

▼

Fertigstellung:

9 Den Limettenkuchen waagerecht in drei Böden teilen. Falls gewünscht, mit Limettenguss beträufeln (s. Tipp).

10 5–6 EL Mascarpone-Erdbeercreme auf jedem Boden verteilen und die Böden zu einer Torte stapeln. Die restliche Creme mithilfe eines Spatels um die Torte streichen.

11 Für die Dekoration die Limetten in dünne Scheiben schneiden und an der Torte anbringen.

12 Die Torte bis zum Verzehr im Kühlschrank aufbewahren.

Damit der Limettenkuchen noch intensiver nach Limette schmeckt, kann der noch warme Kuchen mit einem Limettenguss getränkt werden. Dazu 50 g Puderzucker mit 50 ml Limettensaft verrühren, die Kuchenböden mit einem Holzspieß mehrmals einstechen und den Guss darüber verteilen.
